Una antología *casi literal* (2017-2019)

Mario Ramos

Una antología *casi literal* (2017-2019)
Mario Ramos

Primera edición, 2020 ©
Fotografía de portada de Mario Ramos.
Diseño de portada de Casasola Editores.
Diagramación y cuidado editorial de Óscar Estrada.
Revisión de texto Roberto Carlos Pérez.
136 páginas, 5.25" x 8"
ISBN-13: 978-1-942369-39-4
Impreso en Estados Unidos.

Casasola, L.L.C.
1619 1st Street NW Apt. C Washington DC 20001

casasolaeditores.com
info@casasolaeditores.com

Una antología *casi literal* (2017-2019)

❦

Mario Ramos

casasola
www.casasolaeditores.com

Agradezco al editor de *(Casi) literal*, revista de oponión centroamericana, Alfonso Guido, por invitarme a ser parte de su revista. A Roberto Carlos Pérez por su guía y la revisión de casi todos mis textos y al equipo de Casasola por permitirme esta publicación.

A mi esposa Anita
y mis hijos Julián y Diego.

Los siguientes artículos fueron publiados originalmente en la revista de opinión centroamericana *(Casi) literal*, dirigida por el editor Alfonso Guido, entre 2017 y 2019. Gracias a las gestiones del equipo editorial de Casasola Editores, ahora usted, amable lector, los tiene en sus manos de forma impresa.

Aquí y allá se asoma en estos artículos un afán de dar cuenta de este periodo de tres años marcados por amarguras y sinsabores. Ellos intentan dar fe de tales inquietudes a fin de que las futuras generaciones, a las que pertecenerán mis hijos, no tropiecen con la misma piedra por no reconocer los vagidos de la Historia. Los tres años recogidos en este libro se pueden resumir en un frase del célebre novelista inglés, Charles Dickes: «Era el mejor de los tiempos, era el peor de los tiempos».

Nuestras conversaciones habían terminado. Ahora solamente quedaba el recuerdo de esas tristes charlas en las que alguna vez dijiste: «Pienso que una forma de vencer a la muerte que me persigue sin tregua es dejando algo escrito. Un libro, un artículo, o al menos una nota de despedida». Todo eso se había disipado. Te habías ido sin vencerla.

Hoy escribo por los dos, padre, para vencer a la muerte que nos acosa.

El hombre que salvó al mundo de un desastre nuclear

10 julio, 2019

Vivimos en un mundo donde la vanidad y la ambición por ser relevantes y populares son cada día más agresivas y deshonestas. Utilizamos cualquier medio a nuestra disposición para presentarnos como personas exitosas, importantes e incluso heroicas. Las redes sociales nos permiten mostrar al mundo una falsa realidad y maquillar la verdad, construyendo la imagen de lo que muchas veces no somos y exhibiendo solo lo que construye esa realidad que buscamos y que no es más que virtual.

En cambio, no todos urgen de fama y reconocimiento, ni buscan sobresalir. Stanislav Petrov fue un oficial del ejército soviético que salvó al mundo de un desastre nuclear y que pasó desapercibido durante muchos años. Su historia salió a la luz pública en la década de 1990, cuando se publicaron las memorias del general Yury Votintsev, entonces comandante de las fuerzas de defensa.

Hace 36 años, el 26 de septiembre de 1983, Petrov fue el oficial encargado de registrar los posibles lanzamientos de misiles enemigos, sin embargo, decidió no informar a sus superiores cuando los sistemas de alerta temprana de la Unión Soviética detectaron un ataque con misiles desde Estados Unidos. Los reportes de la computadora indicaron que varios misiles nucleares habían sido lanzados a territorio soviético, por lo tanto, el protocolo indicaba responder con un contraataque nuclear; sin embargo, Petrov no reportó estos supuestos ataques.

Esta omisión significó el cumplimiento de su deber ya que su responsabilidad era referir el ataque estadounidense a un superior, pero con esta negligencia salvó al mundo de un desastre nuclear. Luego se descubrió que el supuesto ataque estadounidense había sido una falsa alarma, una falla en el sistema.

30 años después del incidente, en una entrevista con la BBC en 2013, Petrov contó lo ocurrido: «Todo lo que tenía que hacer era alcanzar el teléfono para llamar por la línea directa a nuestros altos mandos, pero yo no pude moverme. Me sentí como si estuviera sentado en una sartén caliente». De haber sido real, la primera explosión nuclear estadounidense en territorio soviético habría ocurrido solo minutos después. «Veintitrés minutos más tarde me di cuenta de que no había pasado nada. Si hubiera habido un ataque real, entonces yo lo hubiera sabido. Fue un gran alivio», dijo a la BBC.

Petrov se mantuvo en silencio sobre el incidente durante diez años hasta que su historia se dio a conocer después de la caída de la Unión Soviética.

Dimitry, su hijo, asegura que su padre se sorprendía cuando la gente lo consideraba un héroe, pues recibía cientos de cartas de todas partes de Europa donde le agradecían lo que había hecho. Petrov recibió varios premios internacionales y fue honrado en las Naciones Unidas, pero nunca se consideró un héroe. «Ese era mi trabajo», dijo, «ellos tuvieron la suerte de que fuera yo el de ese turno».

«Equinoccio de otoño» fue el nombre que recibió aquel incidente de septiembre de 1983 en el que la decisión del oficial soviético salvó a millones de vidas humanas. Su historia fue contada en el documental *The Man Who Saved the World*. Petrov vivía en un pequeño pueblo a las afueras de Moscú cuando el 19 de mayo de 2017 murió a los 77 años, alejando del mundo y de los reflectores.

La absurda y extravagante competencia por protagonismo en las redes sociales, así como el afán por sobresalir, desatan un derrame de vanidad dentro de un mundo aparente, lleno de héroes imaginarios que saturan el ciberespacio y nuestro imaginario colectivo. Sin embargo, como Stanislav Petrov también existen muchas otras personas que silenciosamente realizan actos memorables sin divulgarlos en redes sociales y sin pedir reconocimiento, ni a nombre personal ni al de una organización. Solo el tiempo se encargará de develar sus historias para que reciban el reconocimiento merecido, aunque nunca sabremos cuántas de ellas jamás llegaron a ser contadas.

Nacer es una muerte
que apenas comienza

3 abril, 2019

En mis cuarenta y un años de vida he presenciado cuatro escenas imposibles de olvidar: dos muertes —la de mi padre, quien murió a mi lado; y el asesinato de un joven que intentaba escapar de la muerte, de quien algún día escribiré— y el nacimiento de mis dos hijos a quienes asistí en la labor de parto. El segundo de ellos hace apenas dieciocho días, a pesar de que lo esperaba casi una semana más tarde. El pequeño Diego decidió llegar antes.

Esta conexión entre la vida y la muerte es inevitable y, de una u otra manera, siempre la he tenido presente entre mis temas recurrentes para escribir, para fotografiar, para filmar películas. La llegada de mis hijos me ha enseñado que desde que nacemos inicia el conteo regresivo, el viaje irreversible hacia la muerte. Nacemos para morir y comenzamos a sortear a la muerte desde el primer día.

En medio de la catarsis que me provocó el nacimiento de mi hijo, me preguntaba por qué pensar en la muerte en un momento como ese. ¿Por qué es que somos tan frágiles y fugaces? Nacer es una muerte que apenas comienza. La vida es un simple paseo.

Por naturaleza, los seres humanos vivimos

temerosos de la muerte y nos aterra pensar en una muerte prematura, lo cual nos limita la libertad de vivir a plenitud. Así lo plantea Octavio Paz en *El laberinto de la soledad*: «Nuestra muerte ilumina nuestra vida. Si nuestra muerte carece de sentido, tampoco lo tuvo nuestra vida… La muerte es intransferible, como la vida. Si no morimos como vivimos es porque realmente no fue nuestra la vida que vivimos».

Existen diferentes argumentos filósofos acerca de la muerte, algunos la aceptan y otros la ven como un castigo. Al final, todos son razonamientos que nadie ha podido entender. Según Epicuro no deberíamos preocuparnos ante la muerte porque no está presente cuando una persona vive, y cuando llega, la persona ya no está. ¿Vale la pena preocuparnos tanto por la muerte que llegamos a olvidarnos de la vida?

Estas reflexiones opuestas y contrastadas siguen presentes en mi cabeza, quizá porque de una u otra forma siento fascinación por el enigma. Por un lado la idea de mortalidad me preocupa, sobre todo ahora que tengo hijos, y me aterra pensar en mis críos sin la figura paterna; pero entender que tenemos el tiempo limitado y que no hay manera de saber cuándo acabara todo me permite momentos de paz y de calma aunque a veces sean fugaces: acciones como sentarme a disfrutar de cosas tan simples como un buen café, un helado o una película. Y sin duda, aprovechar junto a mi familia el hecho de estar vivo, aunque sea tan solo por un instante.

Green Book: un viaje emocional, sutil y cotidiano

6 marzo, 2019

Cuando salió la lista de las películas nominadas al Oscar apenas había logrado ver una: *Vice*, una cinta impecablemente caracterizada por el británico Christian Bale que presenta la siniestra imagen del expresidente Dick Cheney durante el mandato de George W. Bush. Como cada año previo a la ceremonia de entrega de los premios, el plan era ver todas las nominadas y crear una lista de las que consideraba deberían ser las ganadoras en sus diferentes categorías.

Un mes antes de los Oscar busqué en cartelera alguna de las otras películas nominadas y tuve la fortuna de llegar a una sala justo a cinco minutos de haber comenzado *Green Book*, película dirigida por Peter Farrelly y que de inmediato se convirtió en mi favorita, incluso sin haber visto el resto. Se trata de un drama —con algunos fragmentos de comedia— basado en hechos reales que explora un episodio de la vida de Don Shirley (Mahershala Ali), un pianista afroamericano que, antes de emprender una gira de conciertos por el sur de Estados Unidos contrata a Tony «Lip» Vallelonga (Viggo Mortensen), un burdo italoamericano maleducado, de pocos modales e intolerante a quien la falta de trabajo lo lleva a aceptar un puesto como chofer del concertista. Tony es un personaje aparentemente sencillo que ayuda a Don a cuestionar su naturaleza y aprender a cultivar la amistad y el respeto.

El nombre *Green Book* hace referencia al Libro verde del automovilista negro, publicado todos los años entre 1936 a 1966 y que recogía una lista de restaurantes, hoteles y otros establecimientos que atendían o les permitían ingresar a clientes negros durante la época de segregación. Esta guía fue creada por el cartero neoyorquino afroamericano Victor Hugo Green y se convirtió en una herramienta de supervivencia indispensable para los afroamericanos que viajaban en automóvil.

Las extraordinarias actuaciones de Ali y Mortensen, una interesante propuesta musical y la riqueza visual con la que está compuesta cada escena no parecen elementos suficientes para muchos detractores de esta película. Aunque a simple vista se trata de una historia llana y aburrida —y quizá lo sea cuando se es un fanático de la acción desmedida y del exceso de efectos especiales de Hollywood— *Green Book* es un viaje emocional de dos personajes opuestos y una suma de diálogos inteligentes y bien desarrollados que profundiza en temas sociales difíciles como el rechazo y la discriminación racial. Lamentablemente, a pesar de haber sido inspirada en un episodio que tuvo lugar en 1962, la discriminación aún existe, por lo que esta obra no necesita ser presuntuosa para tocarnos, una historia que nos enseña a descubrir y apreciar las diferencias de los demás y a no juzgar sin al menos intentar conocer y entender a quienes habitan a nuestro alrededor.

Después de 130 minutos salí de la sala convencido, una vez más, de que una historia bien contada no depende de una trama intensa sino más bien del buen desarrollo de sus personajes, la simpleza de la realidad y la sutileza de lo cotidiano. Hasta hoy he visto cinco de las cintas nominadas: *Vice, Roma, Bohemian Rhapsody, BlacKKKlansman* y *Green Book*; y aplaudo a la Academia de Ciencias y Artes Cinematográficas por premiar este año a esta última como la mejor película. Una cinta que hay que ver.

Una historia muy, muy corta

6 febrero, 2019

Hoy seré breve. Hace algunos meses, un amigo me regalo un pequeño, pero muy importante libro llamado *Probaditas literarias,* en donde encontré una serie de microrrelatos fascinantes. Entre ellos, por supuesto, se encontraba «El dinosaurio», el famoso cuento de Augusto Monterroso que hasta hace algún tiempo era considerado el relato más corto del mundo:

Y cuando despertó, el dinosaurio todavía estaba ahí.

Una perfecta combinación de elementos cotidianos y fantásticos. Sin embargo, existen relatos más cortos como este de Max Aub que fue publicado en su libro Crímenes ejemplares (1957), en donde con cinco palabras describe un crimen, un criminal y la motivación para cometer el asesinato:

Lo maté porque era de Vinaroz.

Y así va, cada uno de los relatos era mejor que el anterior. Al contrario de lo que muchos podrían pensar, la habilidad de contar una historia de manera tan breve es muy complicada, es el ejercicio de la escritura donde los elementos deben tener mayor solidez, ser más concretos.

El microrrelato es, básicamente, la máxima expresión de la contención literaria. No se trata solo de alinear palabras que formen una frase que suene bien; se debe de plantear una situación, presentar personajes que coexistan y se transformen con sentido que le den fuerza al argumento y que, a pesar de su brevedad, logren estimular sensaciones incluso mayores que leyendo cuentos de muchas páginas.

Al final de mi lectura de *Probaditas literarias*, como contador de historias que soy, me sentí retado. Despertó en mí un deseo de hacer el ejercicio de escribir relatos cortos, al estilo de esos que los estadounidenses llaman *short, short stories* «cuentos muy cortos», que consisten en párrafos de dos líneas o menos y que te dejan con la sensación de querer más. Descubrí la complejidad de esta técnica con la cual aún sigo enamorado. Aquí les comparto uno ellos, que me tomó varios días. Se titula «La llegada de los cruzados».

Cuando por fin las cruzadas llegaron a Eger, las strigis ya se habían apoderado del lugar. Después de unos días, los inquisidores fueron hechizados y condenados a vivir felices en eterno pecado.

Las películas infantiles y la muerte

23 enero, 2019

Aunque parezca una locura, pensar en películas para niños —especialmente en las de Disney— también es pensar en tristeza, violencia y muerte. En estos tiempos es casi imposible encontrar una película para niños que no promueva la violencia, el *bullyng*, el dolor, y la muerte de forma directa.

Días atrás busqué una película nueva para ver junto a mi hijo puesto que ya estaba cansado de las dos mismas cintas que él siempre pide: *Cars 3* y *Sing*, que aparte de ser visualmente geniales y contar una historia interesante, son las menos violentas que he encontrado. Así que buscando me tropecé con *The Good Dinosaur* (El buen dinosaurio).

La imagen del cartel parecía tierna y divertida y su tráiler me dio la impresión de que la película era interesante y apropiada, así que decidí comprarla, pero de nuevo Disney, en tan solo diez minutos, se encargó de convertir lo que parecía una historia dulce y tierna en una pesadilla donde una familia de dinosaurios se desintegra por la repentina muerte del padre frente a su hijo menor —y el más débil de todos— al ser arrastrado por la crecida de un río, dejando a su pequeño perdido en un mundo desconocido y lejos del resto de su familia.

De inmediato volteé a ver a mi hijo y él estaba igual que yo: en shock y con lágrimas en los ojos. Paré la película y junto a mi esposa tratamos de inventar una historia diferente para distraerlo mientras buscaba otra cosa que lo animara, a la vez que él me abrazaba fuerte y restregaba su rostro en mi pecho. Sin duda, la escena lo hizo pensar en que podría perder a su padre. Al final, volvimos a ver *Sing*.

Lo que me parece terrible es que estos filmes se estén convirtiendo en algo tan normal y que las películas animadas sean cada vez más violentas que las de adultos. Según un estudio publicado por el *British Medical Journal* que comparó películas para adultos con las pensadas para niños, se demostró que estas, generalmente, tenían más «muerte y destrucción», y descubrieron que el personaje principal tiene el doble de probabilidad de morir y tres veces más de ser asesinado en las películas para niños. ¿Qué tipo de mensaje estamos enviando a los niños? ¿Matar es la mejor manera de combatir a esos que representan el problema? No lo creo.

«En vez de ser inocentes y ser alternativas distintas al horror o el drama, las películas animadas para niños tienen asesinatos», dijeron los doctores Ian Colman y James Kirkbride en un estudio al cual llamaron «Las comiquitas matan». Para esta investigación, los científicos analizaron las 45 películas para niños más populares entre 1937 y 2013, que van desde *Blanca Nieves* hasta *Frozen*. El estudio comparó a los filmes infantiles con populares cintas dramáticas para adultos lanzadas durante los mismos años, como *El exorcismo de Emily Rose* y *Pulp Fiction*. Entonces, significa que ¿la próxima vez que considere ver una película de Disney con mi hijo debería considerar si no es menos violenta una de terror?

Según la revista *Pediatrics,* la violencia que ven los niños menores de 13 años en las películas se ha triplicado en los últimos años. Pienso que como padres y como consumidores, debemos buscar la manera de controlar este tipo de contenidos urgentemente.

Talvez algunos lectores se preguntarán por qué no dejo a un lado las películas e invierto el tiempo con mi hijo en la lectura, juegos al aire libre u otras actividades —lo cual también hago y con frecuencia—, pero esto no se trata solamente de apagar el televisor y evadir la situación. No se puede aislar a los niños de la computadora, la televisión o el cine —y menos en mi caso, que estoy directamente ligado a ellos por mi trabajo— pero sí se pueden mejorar las leyes de censura que permiten imágenes violentas y controlar los contenidos que representan un peligro psicológico para los niños.

«Es posible que esa exposición pudiera tener un impacto positivo en el entendimiento de los niños sobre la muerte si se trata bien el tema», dice el estudio. «Los filmes que muestran formas apropiadas de duelo pueden ayudar a comprender la muerte». Sin embargo, aunque estos argumentos también sean válidos, no creo que inculcarles desde pequeños una cultura de violencia y muerte traiga consigo algo positivo. Ahora bien, si usamos esta misma lógica de «exposición y entendimiento», también podríamos decir que exponerlos a mensajes de unión, amor y vida los prepararía para entender y buscar formas menos violentas de convivencia.

El gran mito del libre albedrío

9 enero, 2019

Hace varios años, en Honduras, tuve la oportunidad de ver un documental corto brasileño que me marcó mucho: *Ilha das flores* (*La isla de las flores*) donde el hilo conductor del filme es, básicamente, un tomate. La película, producida en 1989 y dirigida por Jorge Furtado, muestra de forma satírica la cruda realidad de la sociedad brasileña de la época —la miseria y la degradación del ser humano—, proponiendo una serie de cuestionamientos morales, éticos, sociales, políticos y filosóficos. La película termina de forma magistral con esta reflexión:

> *«El ser humano se diferencia de los otros animales por el encéfalo altamente desarrollado, por el pulgar oponible y por ser libres. Libre es el estado de aquel que tiene libertad. Libertad, es una palabra que el sueño humano alimenta, que no hay nadie que lo explique ni nadie que lo entienda».*

He visto este documental muchas veces, e incluso, lo he utilizado en algunas ocasiones como pieza de discusión o de estudio. La última vez fue en 2017 en Guadalajara, México, durante una ponencia sobre *Storytelling*, el arte de contar historias. Cada vez que vuelvo a él, ese párrafo final me hace un alboroto en mi cerebro. ¿Qué es ser libre? ¿Existe la libertad humana?

Creemos que somos libres porque desconocemos las causas que determinan nuestras acciones. Nos equivocamos al pensar que somos libres porque decidimos a «voluntad propia» una carrera, una pareja, qué comer o por quién votar, pero lo cierto es que detrás de todas estas decisiones hay impulsos que nos conducen a tomarlas, por lo que nuestro «libre albedrío» en realidad es objeto influencias externas. Entonces, ¿verdaderamente obramos por reflexión y elección propia? Creo que no.

Somos producto de la influencia de miles de mensajes que recibimos por medio de la cultura, la sociedad, la publicidad y la manipulación política. El librepensamiento que creemos defender con «libre albedrío» de una u otra forma fue plantado en nuestro cerebro por otros factores.

Por desgracia, el libre albedrío no es una realidad científica. En un artículo que leí hace algunos días en un diario español, Yuval Noah Harari —historiador y escritor israelí, profesor en la Universidad Hebrea de Jerusalén— explica cómo los teólogos elaboraron la idea del libre albedrío para explicar por qué Dios hace bien cuando castiga a los pecadores por sus malas decisiones y recompensa a los santos por las decisiones acertadas. Harari se cuestiona por qué Dios debe castigarnos o recompensarnos si tomamos nuestras decisiones con la misma libertad que él nos dio, sin embargo los teólogos afirman que su proceder es razonable porque nuestras decisiones son el reflejo del libre albedrío de nuestras almas eternas, que son completamente independientes de cualquier limitación física y biológica, o sea, lo que la ciencia nos dice del *Homo sapiens* y otros animales. Los seres humanos, tenemos voluntad, pero no la libertad para usarla.

Yo no puedo decidir cuáles deben ser mis instintos y deseos, ni mi sexo, mi origen, mi cultura, mi futuro, etcétera; sin duda puedo tomar mis propias decisiones, pero nunca serán independientes. Todas corresponden a una condición que me fue heredada socialmente y/o biológicamente y que está fuera de mi control. El libre albedrío es un mito que se inventó para justificar las inconsistentes acciones de Dios y que nos oculta las verdaderas razones que nos impulsan a tomar nuestras decisiones. En cuanto a la libertad y la capacidad de obrar sin obstáculos, la idea se diluye cada día más, pues la ciencia ya ha descubierto la manera de manipular el cerebro humano a través de la informática.

Educación y Libertad: enemigos del gobierno

28 noviembre, 2018

Siempre fui un mal alumno. Desde mis primeros grados en primaria hasta mis días de universidad, odié las aulas de clases. Repetí casi todos los años de secundaria y no pude graduarme sino hasta que encontré la opción de educación alternativa, en la cual solo tenía que asistir tres veces por semana al colegio. Luego, ya en mi vida de adulto, haciendo referencia a los días donde ya tenía que pagar renta y comida, durante mis estadios universitarios continuó mi calvario. Fue imposible conectarme con un método de enseñanza a punta de garrote o, explicado de una manera menos coloquial, al aprendizaje repetitivo, no comprensivo. Esa fue una de entre tantas razones —o excusas— por las cuales nunca logré terminar mi carrera universitaria. Siempre me pregunté si era yo el idiota o si el método de enseñanza que utilizaban los catedráticos no era para mí, ya que no siempre ocurre igual con todos.

De toda mi vida como estudiante solo recuerdo a tres maestros, quienes, de forma muy distinta, marcaron mi vida. Primero, la profesora Keyla, una bella joven de tez blanca, larga cabellera color negro azabache y una voz delicadamente suave. Ella nos recibió el primer día de clases de mi tercer grado de primaria en la escuela adventista a la cual asistía. Mi primer amor, que duró los cuatro bimestres. Luego, en sexto grado, la profesora «Regla», a quien temíamos todos en la clase, popular por dar reglazos a los que se portaran mal, y para portarse mal sí era yo el mejor de la clase. Recuerdo que una vez me dijo que tenía «la cabeza hueca» y que difícilmente llegaría a ser alguien en la vida, razón por la cual nombré mi compañía de esa manera: Cabezahueca Films. Y el tercero, el profesor Edy, un misquito, si bien lo recuerdo (originario de La Mosquitia en el caribe hondureño), que me dio clases de español en el primer curso de bachillerato, uno de los pocos o quizá el único que recuerdo y que pudo entender que el secreto de la educación estaba en enseñar a pensar (que no es lo mismo que memorizar) y, a diferencia de los demás, no nos impuso una forma de pensar. Un orador y un motivador nato. Aún puedo recordar algunas de las charlas que tuvimos.

Al final, nunca volví a saber de ellos tres.

Honduras es el país más pobre del continente en la actualidad y uno de los más desiguales, un sitio donde la corrupción es una práctica común en todos los niveles sociales y la situación cada vez empeora más. El interés de todos los gobiernos por invertir en educación es casi nulo, por lo que aspirar a un buen sistema educativo es prácticamente una utopía. Educar a un pueblo es sinónimo de liberarlo (y eso no le conviene a quienes lo gobiernan). Un país mal educado es un país fácil de manipular. Es por eso que la desigualdad es necesaria para mantener al pueblo sumergido en la ignorancia.

«La educación es el arma más poderosa que puedes usar para cambiar el mundo», dijo Nelson Mandela, pero ¿será suficiente para revertir la desigualdad, la miseria y la pobreza que viven países como Honduras? Si la educación no es la única vía, sin duda es la más importante. En mi caso, a pesar de mi experiencia en las aulas, tuve la oportunidad —o la suerte— de estar expuesto a diferentes formas de aprendizaje y tener siempre una pasión por aprender; no obstante, urge invertir en educación y en sistemas alternativos de aprendizaje para estimular la imaginación y la creatividad. La mejor forma en la que un país puede invertir sus muchos o pocos recursos es en la expansión del conocimiento de sus habitantes.

La caravana de migrantes, una profunda desesperanza

31 octubre, 2018

«Es imperdonable que expongan a sus hijos de esa manera, son unos padres irresponsables». Este es uno de tantos comentarios sobre las familias que integran la caravana de inmigrantes hondureños que cruzan México rumbo a Estados Unidos. Personas que huyen de la violencia y la pobreza, arriesgando todo por una vida digna. Esta es una crisis humanitaria real, no un juego político o una «movida» partidista como lo quiere hacer creer el régimen autoimpuesto en Honduras.

Más allá de las razones políticas que generaron la crisis, persisten la indiferencia y el irrespeto hacia los inmigrantes. Es muy fácil convertirnos en inquisidores sociales y juzgar a estas familias sin conocer sus razones y —más aún— sin haber propuesto un cambio social. Es cómodo criticarlos cuando nuestra realidad de comida sobre la mesa y sueldos en cada quincena es tan diferente.

El ser humano, al sentirse humillado, indefenso o en peligro, huye. Es su naturaleza. Nadie abandona su tierra y pone en riesgo su vida y la de su familia por simple aventura. El éxodo de centroamericanos es consecuencia de un país saqueado durante años.

La inmigración de Centroamérica hacia el norte no es algo nuevo. En septiembre de 2017 escribí un artículo llamado «Migración centroamericana (las razones cambiaron, el motivo es el mismo)» que, tristemente, parece tener vigencia perpetua. Hoy las razones de las migraciones son las mismas y una de ellas es —además— la inestabilidad política. El tiempo pareciera no pasar en la región centroamericana (y particularmente en Honduras).

Ver a miles de familias hondureñas exponerse a una travesía como esta me genera una profunda desesperanza, pero la apatía del gobierno hondureño y el desinterés de otros coterráneos hacia su misma gente me provoca una tristeza mayor. Hoy, miles de hondureños escapan de la condición a la que nosotros mismos los hemos relegado como sociedad. Ahora ya es tarde para ponernos a esperar que el gobierno cambie lo que no ha cambiado en décadas, así que ¿cuál es nuestra propuesta al respecto?

La abuela y el pueblo fantasma

17 octubre, 2018

Mi abuela nació en 1931. Se casó a los catorce y el año siguiente dio a luz al primero de sus cinco hijos. Estuvo acompañada toda su vida. Tenía una familia grande y de cierta manera muy unida. Con el correr de los años ha visto cómo han ido muriendo todos sus amigos, primos, sobrinos, vecinos, diez de sus once hermanos, su esposo (mi abuelo), cuatro de sus cinco hijos (entre ellos mi padre) y varios de sus nietos; pero solo hace siete meses, a sus 86 años, comenzó a vivir sola. Ahora, en su vejez, le ha tocado enfrentarse a uno de sus más grandes miedos: la soledad. Poco a poco ha ido descubriendo que al fin y al cabo estamos solos y que la humanidad está incapacitada para vivir en soledad.

Cuando hablo con ella no puedo dejar de pensar en este tema y lo difícil que es para muchos adultos mayores ser abandonados por sus familiares. No hablo de abandono físico sino emocional, pues una persona se puede sentir sola aun cuando mucha gente la rodea. La soledad no debería ser un destino inevitable sino una decisión, dado que hay personas que la buscan y parecen disfrutarla.

Hace algunas semanas leí un artículo sobre un pueblo de Nebraska llamado Monowi, a ocho kilómetros de la frontera con Dakota del Sur y donde vive un solo habitante: Elsie Eiler, de 84 años. Ella también es su alcaldesa, su secretaria, su tesorera, su bibliotecaria y la dueña de la Taberna Monowi, «lugar donde venden la cerveza más fría en el poblado», bromea. Elsie vive sola desde que en 2004 muriera su esposo, una octogenaria que vive feliz en un pueblo fantasma donde asegura no sentirse sola porque es muy visitada.

Es fácil hablar de soledad cuando se tiene a alguien con quien compartirla. En la era de las comunicaciones, en internet y en especial en las redes sociales existen un sinnúmero de personas que se autodenominan *influencers* y que pretenden cambiar la vida de las personas a través de mensajes «motivacionales» o de «autoayuda». Ellos se muestran como individuos comunes pero emocionalmente estables y exitosos, y van escupiendo consejos o frases como: «La soledad es un estado mental» o «Estar solo es una oportunidad para crecer» etcétera, sin siquiera entender la complejidad del tema. Cada persona cuenta con una historia y una realidad diferente y se enfrenta a la soledad a su propia manera. Algunos ven la soledad como un instante de plenitud, en cambio otros buscan escapar de ella.

Con el pasar de los años he aprendido a vivir en paz cuando estoy solo y a disfrutar mi soledad, pero también he aprendido que otros sienten dolor y tristeza en ella. No nos queda más que esperar y aceptar lo que la vida y el destino nos da, como a la abuela. No hay soledad más devastadora que ver cómo la vida te va arrebatando a todos alrededor, no hay soledad más cruel que la que irrumpe abruptamente.

La doctora Christine Ford
y el movimiento #MeToo

3 octubre, 2018

Aproximadamente hace un año -en un intento por demostrar el constante y generalizado acoso y agresión sexual del cual son víctimas las mujeres, principalmente en el lugar de trabajo- surgió como hashtag el movimiento #MeToo en contra del acoso y la agresión sexual, haciéndose viral en menos de 24 horas por medio de las redes sociales. Poco después tomó mayor fuerza cuando comenzaron las acusaciones en contra del productor de Hollywood Harvey Weinstein, y muchas celebridades como Alyssa Milano, Gwyneth Paltrow, Ashley Judd, Jennifer Lawrence y Uma Thurman, entre otras, comenzaron a utilizarlo y a popularizarlo no solo en Estados Unidos sino también en Latinoamérica y el mundo entero.

Este fenómeno se convirtió rápidamente en una especie de voz para las personas que han sufrido algún tipo de agresión sexual, empoderando a las víctimas a denunciar a sus agresores. Gracias a la confianza que provocó en las personas abusadas salió a la luz pública una sorprendente lista de celebridades, políticos y empresarios acusados de conductas sexuales inapropiadas, abusos y hasta violaciones. Uno de los casos más sonados fue el del famoso comediante Bill Cosby, a quien apenas hace unos días sentenciaron a prisión y como mínimo pasará tres años en la cárcel. No obstante, a pesar de la fuerza que cobró el movimiento #MeToo, las cosas podrían cambiar en los próximos días si el juez Brett Michael Kavanaugh llega a la Suprema Corte de Estados Unidos.

La nominación del Kavanaugh para integrar el más alto y distinguido puesto al que puede aspirar un juez en Estados Unidos provocó malestar desde que el presidente Donald Trump lo hiciera público. De inmediato los demócratas se opusieron puesto que Kavanaugh vendría a dar un giro a la más alta instancia judicial del país pasando a ser su quinto miembro evidentemente conservador. Solo unos días después, lo que parecía una oposición ideológica por parte del ala progresista del Partido Demócrata, dio un giro inesperado y se convirtió en un tema moral cuando salió a la luz pública una acusación en contra de Kavanaugh por una supuesta agresión sexual de hace 30 años, lo cual entorpeció el proceso de confirmación del nominado a la Suprema Corte.

En un desgarrador testimonio ante el Comité Judicial en el Senado, la supuesta víctima de 52 años, la doctora Christine Blasey Ford, quien posee múltiples títulos en psicología experimental y clínica de las mejores universidades estadounidenses relató cómo Kavanaugh y su amigo Mark Judge la atacaron en una casa donde se habían reunido varios amigos. La empujaron a una cama, abalanzándose sobre ella para tocarla e intentar quitarle la ropa. Ella temió que la fueran a violar y/o que la mataran. «Esto fue lo que más me ha aterrorizado y lo que me provocó el shock más perdurable de mi vida», dijo la doctora Ford, y añade que finalmente consiguió escapar de Kavanugh y Judge escondiéndose en un baño de la habitación donde la tenían retenida contra su voluntad. Cuando por fin estos salieron de la habitación, ella salió corriendo de la casa.

Las declaraciones de Christine Ford se dieron el mismo día que Brett Kavanaugh tuvo su audiencia ante el Comité Judicial en el Senado para ser confirmado. Esta audiencia, en palabras más sencillas, es básicamente como una entrevista de trabajo ante los senadores encargados de confirmar su nominación, cuya mayoría está compuesta por republicanos conservadores que parecían estar empeñados y apresurados en votar para que el candidato a la más alta instancia judicial del país fuera confirmado antes de que iniciara el periodo de sesiones del máximo tribunal, a pesar de las acusaciones en su contra. Kavanaugh, por su parte, negó los hechos categóricamente. Al final, gracias a la sorpresiva propuesta del senador republicano por Arizona, Jeff Flake, quien momentos antes había sido confrontado por una activista de origen hispano acerca de su posición ante las acusaciones en contra del juez Kavanaugh, se logró un acuerdo y el caso fue trasladado al FBI, que cuenta con diez días para recabar pruebas antes de que se retome la audiencia.

Más allá del juego político, la confirmación de Brett Kavanaugh solo desacreditaría los logros del movimiento #MeToo y pondría en tela de juicio la credibilidad de las víctimas de acoso sexual, pues se estima que la mayoría de personas que sufren este tipo de abusos no denuncian a sus agresores por temor a que no les crean. La confirmación de Kavanaugh como juez al Tribunal Supremo de los Estados Unidos podría sentar un precedente de indiferencia para las víctimas de estos ataques. En cambio, si se confirman las acusaciones de la doctora Ford y él es llevado a juicio, podría abrirse un nuevo capítulo en la cacería de abusadores y depredadores sexuales.

La pederastia y la fe

5 septiembre, 2018

Es fácil hablar de perdón cuando es en tu favor, sin considerar el dolor y sufrimiento que se ha causado a otros. Solo en Pensilvania, Estados Unidos, durante un periodo de 70 años, alrededor de 1,000 niños fueron abusados sexualmente por 300 sacerdotes, quienes también persuadieron a sus víctimas a no denunciar tales abusos; esto sin contar los innumerables casos aislados, no solamente en Estados Unidos sino en el mundo entero.

Es inconcebible que existan personas que excusen o defiendan los abominables abusos de sacerdotes pedófilos dentro de la Iglesia Católica; más aún: que la misma institución religiosa que proclama el amor y la justicia como base fundamental de su discurso esconda o trate de justificar actos tan asquerosos sin tomar acción legal, lo cual los convierte en cómplices directos. En muchas ocasiones estos «hombres de Dios» solo han sido reubicados, otros han sido removidos o retirados de sus cargos, pero muy pocos han sido enjuiciados. ¿Acaso no es la Iglesia cómplice de estos abusos al no denunciarlos? ¿Por qué las autoridades permiten que se haga caso omiso a actos tan abominables?

Un aterrador informe presentado por un jurado

en Pensilvania describe el caso de un sacerdote que violó a una niña en el hospital después de que le extirparan las amígdalas, además el de uno que ataba y azotaba a su víctima con correas de cuero y otro al que se le permitió permanecer en el ministerio después de haber embarazado a una joven y haberle practicado un aborto. Este informe apareció poco después de la renuncia del cardenal Theodore E. McCarrick, ex arzobispo de Washington, también acusado de abusar sexualmente de menores, así como de sacerdotes y seminaristas jóvenes.

Según el diario *The New York Times*, el gran jurado dijo que, aunque algunos sacerdotes acusados fueron destituidos del ministerio, los funcionarios de la iglesia que los protegían permanecieron en el cargo o incluso obtuvieron ascensos. Un obispo nombrado en el informe como aval de un sacerdote abusivo es el cardenal Donald Wuerl, quien ahora es el arzobispo de Washington. Aunque varios obispos, incluido el obispo David A. Zubik, de Pittsburgh, rechazaron que la Iglesia esté encubriendo los abusos, el jurado de Pensilvania determinó que los funcionarios religiosos siguieron un «libro de jugadas para ocultar la verdad», minimizando el abuso y utilizando conceptos como «contacto inapropiado» en lugar de «violación», o desinformando a la comunidad sobre las razones reales detrás de la separación de un sacerdote acusado. El *Times* agrega que el fiscal general, Josh Shapiro, cuya oficina inició la investigación, expresó que el encubrimiento por altos funcionarios de la Iglesia «se extendió en algunos casos hasta el Vaticano».

Por mucho tiempo fui un fiel creyente en Dios y seguidor de la Iglesia Católica, lo cual me llevó a trabajar por varios años con la Fundación Católica de mi país, a conocer una gran cantidad de sacerdotes, muchos de ellos hombres de fe y caridad y otros que con los años se vieron envueltos en actos y conductas ilícitas, abusos a menores y actos homosexuales forzados, inclusive dentro del seminario.

En mi paso por la religión llegué a conocer a dos papas: Juan Pablo II, en Roma, en el año 2000; y a Benedicto XVI, cinco años después, en Alemania, mientras realizaba un documental sobre la Jornada Mundial de la Juventud. Este último renunció después de verse envuelto en numerosos escándalos, incluidos los abusos sexuales a 547 niños del coro de Ratisbona, en Alemania, que era dirigido por monseñor Georg Ratzinger, su hermano. Esta cercanía con la institución religiosa y el hecho de conocer sus interioridades de fondo fue lo que, irónicamente, en lugar de acercarme, me alejo de ella.

Si bien es cierto que no todos los sacerdotes son pedófilos o pervertidos, también es cierto que, como dice la misma Biblia, «pagan justos por pecadores» y que la doble moral de la Iglesia en muchos casos no tiene medida ya que las sentencias bíblicas en muchas ocasiones son aplicadas dependiendo a quién van dirigidas. Con los años dejé de ser parte de la Iglesia como organización porque sentí que si pertenecía a una institución que ocultaba tan terribles abusos me convertiría en miembro de esa pandilla. Ahora bien, solo para aclarar, esta decisión de alejarme nada tiene que ver con mi creencia o no en un Dios, el cual dudo que exista, pero ese es otro tema.

Aunque el Papa Francisco fue contundente al decir que sentía «vergüenza y arrepentimiento» de que la Iglesia Católica no haya actuado ante las acusaciones de abuso sexual por parte de clérigos contra menores, también es cierto que él, como cabeza de la organización, es el encargado de desmantelar esa red de abuso y entregar a los sacerdotes pedófilos a las autoridades para que sean enjuiciados. Me cuesta pensar que el Papa no esté al tanto de tanta corrupción, depravación y abuso que existe en la Iglesia. No es suficiente salir y decir «no mostramos ningún cuidado por los pequeños, los abandonamos», se necesita actuar y hacer justicia.

Tristemente en países pobres como los nuestros, donde la figura del sacerdote es endiosada por la feligresía, es muy común escuchar estas terribles historias de abusos sexuales a niños y niñas perpetuados por estos pervertidos que se esconden tras una sotana y que nunca llegan a ser denunciados, ya sea porque la misma Iglesia esconde sus fechorías o simplemente los traslada a otra región o país donde fácilmente puedan seguir abusando de menores. Asimismo, los abusados, quienes comúnmente son personas con poca educación y pocos recursos económicos, en raras ocasiones denuncian a sus agresores ya que también son víctimas del miedo, la vergüenza y, en muchos casos, del oportuno y despreciable temor a Dios que la misma religión les ha inculcado.

52

Trump: pan y circo

15 agosto, 2018

En la Roma imperial, cuando se organizaban los grandes espectáculos, entre ellos los combates de gladiadores, carreras de cuadrigas y las luchas entre fieras, se comenzó a utilizar la frase *panem et circenses* (pan y circo), precisamente porque a través de estos espectáculos las autoridades romanas distraían a los ciudadanos a fin de mantenerlos desinformados de los asuntos importantes del imperio. Veinte siglos después, la estrategia sigue vigente.

Hoy en día la distracción sigue siendo un elemento básico de control social y, al igual que en la antigua Roma, la táctica consiste en desviar la atención del pueblo de los problemas reales de la sociedad a través de los medios de comunicación, que son el arma perfecta de distribución masiva.

Desde el inicio de su campaña, el presidente Donald Trump, de manera astuta y perspicaz, ha manipulado y manejado a los medios de comunicación para mantener al pueblo distraído y alejado de la realidad, ocultando los verdaderos problemas sociales que enfrenta el país, desviando la atención incluso a temas irrelevantes. Sin embargo, el problema radica en que tanto sus oponentes como los medios informativos han caído en su artimaña, subestimando su astucia.

Donald Trump se ha empeñado en atacar a los medios llamando *fake news* a sus noticias y los ha nombrado «enemigos del pueblo», creando una reacción que pareciera ser positiva a sus intenciones; y ellos —los medios— ingenuamente siguen cubriendo sus «disparatados» —y lo entrecomillo porque no creo que esto sea al azar— discursos y declaraciones con cobertura casi permanente. Cada cosa que hace o dice, por estúpida que sea, lo convierte a él en el centro de la información por encima de la noticia en sí, el mismo modelo de estrategia comunicacional de su amiga Kim Kardashian.

Asimismo, sus *tweets* se han vuelto un fenómeno viral, convirtiéndose en titulares noticiosos. «El mayor enemigo de nuestro país son las *fake news* (noticias falsas) tan fácilmente proclamadas por tontos», subrayó Trump horas después de aterrizar en Washington tras su histórica y controversial cumbre con el líder norcoreano Kim Jong-un en Singapur. Lo irónico es que si repasamos la mayor parte de las declaraciones o mensajes del mandatario son precisamente eso: una serie de noticias falsas que se repiten una y otra vez por la prensa. Según un informe publicado por *The Washington Post* que analizó las declaraciones del presidente, en los últimos dos meses el empresario republicano ha dicho alrededor de mil mentiras o medias verdades, estoy hablando de cifras reales, no retóricas, lo que hace un promedio de dieciséis mentiras —oficiales— al día. Es así como su plan funciona: desinformando.

La facilidad y poca vergüenza con la que el mandatario miente es otra ventaja a su favor; pues otra de sus estrategias de distracción es crear problemas y luego ofrecer soluciones. Es decir, se crea una «situación» para causar cierta reacción en el público y luego resolverla. Si a esto le sumamos la ignorancia y la indiferencia generalizada que existe sobre temas como cambio climático, economía, salud, inmigración, etcétera, el resultado es un plan de manipulación perfecto. Como reza el popular dicho, «Una mentira dicha mil veces se convierte en una verdad».

La desinformación que el presidente Trump genera en casi todas sus intervenciones públicas y a través de sus redes sociales incita al público a ser complaciente con la mediocridad, a creer que ser vulgar e inculto es aceptable. Esto promueve no solo la ignorancia sino también la intolerancia y el racismo.

Casi a diario escuchamos un nuevo escándalo que involucra al presidente Trump, ya sea de carácter personal o relacionado a su mandato. Aunque parezca inaudito, cada uno de estos problemas o acusaciones en su contra, al menos a corto plazo, corren a su favor. Es decir, el cambio de dirección o de atención no solo distrae al pueblo expectante del *reality show* en que se ha convertido su presidencia sino también desconcentra a los políticos y autoridades que intentan llevarlo a juicio, distrayéndolos con un nuevo problema.

Si hacemos un rápido recuento de la administración de Trump, no solo podemos darnos cuenta de que el magnate es un maestro de la distracción, sino que con su historial de escándalos cualquier otro presidente ya hubiera sido obligado a salir de la Casa Blanca. La lista es larga: la investigación de su presunta colisión con Rusia, las múltiples renuncias en la Casa Blanca, el despido del director del FBI, James Comey, su relación con la actriz porno Stormy Daniels, la cumbre con el líder norcoreano Kim Jong-un en Singapur, la separación de las familias en los centros de detención de la frontera con México, su controversial reunión con el presidente Vladimir Putin, las grabaciones del exabogado Michael Cohen entregadas al FBI y la más reciente: haber llamado «perra» a su ex asesora política Omarose Manigaut; esto sin contar sus innumerables comentarios racistas y xenofóbicos. Todo esto le permite moverse al siguiente problema antes de que el de turno sea escudriñado por completo y así comenzar un nuevo pasatiempo que entretenga al público.

Si bien es cierto que su estrategia ha funcionado hasta ahora, también es cierto que sus declaraciones y acciones han creado una crisis política y social, no solo en Estados Unidos sino a nivel mundial, que poco a poco se le ha salido de las manos. Los medios de comunicación, más temprano que tarde, deberían abrir los ojos y enfocar sus coberturas en el trasfondo de la noticia o en temas más relevantes que aporten a cualquier investigación que le ponga fin al juego del presidente. Por su parte, los políticos y autoridades de Estados Unidos deberían hacer lo suyo y frenar el circo de Trump, quien además pareciera empeñarse en provocar la caída del imperio.

Masacres escolares y la doble moral de la política estadounidense

7 marzo, 2018

Hace algunos días visité un centro de cuidado infantil en donde mi esposa y yo hemos planeado inscribir a nuestro pequeño hijo. El proceso me ha causado mucho estrés, pues me angustia el hecho de dejarlo todos los días al cuidado de alguien más y sin ninguno de nosotros pendientes de él aunque, según lo que otros padres nos han dicho, es algo normal que suceda con tu primer hijo.

El lugar me pareció muy ordenado y limpio, y tanto el personal administrativo como las maestras me causaron una buena impresión. No puedo negar que al comenzar el tour entré en pánico, me sentí un espía, como uno de esos súper agentes que salen en las películas y que observan con suspicacia cada detalle y cada movimiento. Presté mucha atención en dónde estaban las salidas de emergencia y los sistemas de seguridad de la entrada, conté las aulas y luego traté de ubicarlas en mi mente como haciendo un mapa del lugar. Observé a cada una de las maestras e incluso a los padres que llegaban a dejar a sus hijos. Revisé cada detalle que pude, las casas vecinas, el parque, e incluso tuve el atrevimiento de acercarme a una pequeña bodega en una esquina del estacionamiento y vi a través de una de las ventanas, tratando encontrar algo sospechoso, pero nada: el lugar estaba lleno de juguetes.

Al terminar el recorrido, y luego de despedirnos de la directora del centro -una pequeña monja de expresión enojada pero muy simpática y dulce al igual que el resto del personal- me di cuenta por qué actuaba así. Tenía miedo por la seguridad de mi hijo, pues en Estados Unidos ir a la escuela ahora también puede ser peligroso.

Haciendo un recuento -aclaro que no son datos oficiales sino casos que me vienen a la memoria- el primer caso que escuché sobre un tiroteo escolar fue en 1999, cuando en la escuela secundaria Columbine murieron doce alumnos y un profesor a manos de dos estudiantes de último año. Desde ese día hasta el pasado 14 de febrero de 2018 he contabilizado 105 muertes por armas de fuego, esto solo en centros escolares.

Recuerdo también el caso de Virginia Tech en 2005, donde Seung-Hui, estudiante surcoreano, disparó contra universitarios en el campus asesinando a 32 personas; asimismo, la masacre de 2012 en la escuela secundaria Chardon en Ohio, donde Thomas Lane, de 17 años, disparó en la cafetería hiriendo a cinco adolescentes y dejando un saldo de tres muertos; ese mismo año hubo un terrible tiroteo masivo en la Escuela Primaria de Sandy Hook de Newtown,

Connecticut, donde murieron veinte niños entre seis y siete años, además de seis adultos.

En 2015, en el Instituto Superior de Umpqua, Christopher Harper-Mercer disparó contra un grupo de estudiantes y mató a ocho jóvenes y un profesor; en 2016, durante un tiroteo en UCLA, Mainak Sarkar mató a un profesor y se suicidó. También en 2016 un adolescente de 14 años mató a su padre y después abrió fuego en la primaria de Townville, en Carolina del Sur, en donde dos estudiantes y una maestra murieron. Jacob Hall, de tan solo seis años, fue una de las víctimas a quien después rindieron homenaje en un funeral donde la gente acudió con trajes de superhéroes para honrarlo. El último incidente de esta naturaleza sucedió en la escuela secundaria Stoneman Douglas, de Florida, el 14 de febrero de este año, donde Nikolas Cruz asesinó a 17 personas e hirió a 14.

Todo esto resulta incomprensible y hasta ridículo para un país «desarrollado» que defiende -por sobre todas la cosas- el derecho a portar armas que otorga la segunda enmienda de la Constitución, dejando al descubierto la doble moral y avaricia de algunos legisladores que ven en la defensa de esta enmienda un negocio que vale más que la vida humana.

Mientras tanto, el presidente Donald Trump propone como solución armar a los maestros y la Asociación Nacional del Rifle, NRA por sus siglas en inglés, pide que se desplieguen guardias armados en cada escuela. «Ojo por ojo y el mundo quedará ciego», dijo Gandhi. Esta propuesta no solamente es estúpida sino que promueve el mejor negocio para el NRA: la venta de armas. ¿Será que debemos comenzar a educar a nuestros hijos en casa? Si el plan maestro del gobernante es poner a más gente armada cerca de mi hijo para defenderlo de las mismas armas, prefiero dejarlo en casa.

Según un artículo publicado por la cadena CNN, Estados Unidos tiene más armas que cualquier otro país del mundo. Hay entre 270 a 310 millones de armas circulando en el país. Con la población de Estados Unidos de 319 millones, eso casi significa que hay un arma por cada estadounidense. Todo esto está asociado a la promoción indiscriminada de la violencia que siembran los estudios de Hollywood, la fuerte campaña proguerra del gobierno, la gran cantidad de jóvenes que regresan de las distintas guerras con desorden postraumático y que han sido entrenados para matar y la falsa seguridad que promueve el NRA junto a los grupos conservadores que venden la importancia de tener un arma para defenderse del enemigo que, en este caso, es el mismo que promueve dicha idea. Todos estos datos me aterran.

La ignorancia y la violencia que envuelve al país es razón suficiente para que los padres de familia vivamos con miedo de enviar a nuestros hijos a la escuela.

La engañosa y romántica idea
de la democracia

7 febrero, 2018

En un país pobre, sin educación y con un débil sistema judicial, vivir en «democracia» es poco probable. En Honduras, la igualdad de derechos ciudadanos individuales, la independencia de etnias, sexos, credos religiosos y la soberanía que supuestamente reside en el poder que el pueblo ejerce a través de sus representantes, son una utopía. El poder reside en aquellos en quien es concentrado y cuando este se centraliza en unos pocos, la romántica idea de democracia se diluye.

Cuando se tiene hambre y no hay comida, cuando no hay medicamentos, cuando no se respetan los derechos elementales de las personas y cuando la educación es pobre, la democracia no es más que un ideal sin fundamento. En esos casos, de nada sirve votar por nuestros gobernantes. Por esa razón hoy en Honduras, en pleno Siglo XXI, al igual que sucediera en Buenos Aires en 1810 (por aquel entonces, capital del Virreinato del Río de La Plata) durante la Revolución de Mayo, el pueblo desesperado quiere saber de qué se trata esa «democracia» de la cual hablan sus gobernantes.

La democracia es también tolerancia. El respeto a la diversidad de pensamientos, el acceso a los derechos básicos elementales, la salud y la educación, no solo hace al país más inclusivo sino también permite a sus habitantes creer, al menos, en la idea de que ellos realmente ejercen el poder político sobre el gobierno y que viven bajo una democracia aunque esta no exista.

La desgracia que hunde a Honduras

24 enero, 2018

La desdicha de mi país comienza desde el nombre. Según el diccionario de la Real Academia de la Lengua Española, honduras significa «Tratar de cosas profundas y dificultosas», y la semántica nunca fue más acertada ya que vivimos en una hondura, un pozo creado por los mismos que promueven una democracia que no existe.

El 14 de agosto de 2007 salí de Honduras, no fue una decisión fácil pero tenía que hacerlo. Emigré a Estados Unidos por diferentes razones, pero había una en especial que en aquel entonces nadie sabía y que hasta ahora muy pocos saben: meses antes de salir del país recibí amenazas de muerte. Durante un año me desempeñé como director de comunicaciones de una entidad de gobierno, aquel gobierno que en 2009 fue derrocado por un golpe de estado, y ejerciendo ese cargo recibí una propuesta para ser parte del selecto grupo de corruptos del país la cual no acepté. Luego comenzó el acoso.

Hoy, once años después, la corrupción se ha convertido en una metástasis que ha infectado a todo nivel a la mayoría de los políticos. La situación solo ha empeorado dado que la condición política y socioeconómica de Honduras es aún peor, los índices de homicidio son altísimos y la violencia se ha apoderado de un país donde el precio de una vida es más bajo que el de un teléfono celular.

Después del caos que han causado las pasadas elecciones por las irregularidades y las innumerables denuncias de fraude, el presidente Juan Orlando Hernández, quien de manera cínica y descarada violó la constitución al reelegirse, llamó a la unión, el dialogo y la paz. Irónicamente, como muestra de su propuesta pacífica, envía a las calles a la policía militar fuertemente armada para reprimir al pueblo que según él lo eligió; una muestra clara de que el presidente ha perdido la capacidad de gobernar un país que se le fue de las manos desde el momento en que decidió convertirse en uno más de la lista negra de gobernantes latinoamericanos adictos al poder.

Las marchas pacíficas se han vuelto violentas, una situación que no comparto pero puedo entender. Los reportes de enfrentamientos y asesinatos son cada día más comunes en los diarios y noticieros. En las calles el pueblo se enfrenta a la policía mientras que los poderosos y gobernantes «gobiernan» desde sus casas y oficinas utilizando el caos como cortina de humo.

Las recientes elecciones presidenciales en Honduras han puesto al país al borde de una guerra civil que provocará una migración masiva como sucediera en la década de 1980 en otros países de la región como El Salvador y Nicaragua. La violencia, el hambre, los constantes abusos de poder y la ley parcializada son algunas de las razones que despertaron la ira del pueblo, y lo que debió ser una fiesta cívica se convirtió en el inicio de una guerra sin cuartel entre aquellos que pretenden gobernar a la fuerza y los que se resisten a vivir en la miseria.

El destino del país es incierto y los partidos de oposición también tienen su cuota de culpa por prestarse a la farsa de las elecciones del pasado noviembre. Mientras tanto, el presidente Hernández no abandonará el poder porque sabe que hay más que eso en juego; por su parte los hondureños hacen valer su derecho y no dan tregua, demostrando, incluso, que están dispuestos a entregar su vida en las calles por defender la democracia.

La compasión como estado de felicidad

10 enero, 2018

> «Todo lo que pensamos lo pensamos entre todos».
> -Alfonso Reyes

El dolor y la miseria que envuelven al planeta me enfrentan cada día con la idea de encontrar la felicidad. Los diarios y noticieros parecen contar la crónica de cómo la humanidad se vuelve más insensible e indiferente. Las muertes que he experimentado por las lentas y dolorosas partidas de seres queridos, me hacen reflexionar acerca de las injusticias a las que nos somete la vida, el destino o Dios.

Las innumerables historias de abuso que escucho, la terrible realidad que padecen las víctimas inocentes de las guerras, las condiciones inhumanas en que viven millones de personas gracias a la perversidad del hombre, más las enfermedades que azotan a niños indefensos me horrorizan. ¿Por qué nos olvidamos de la gente que sufre la miseria? ¿Es posible que en un mundo cruel y despiadado exista un estado de satisfacción espiritual? ¿Es injusto pensar en la felicidad?

Me inunda la ansiedad al buscar respuestas. Al mismo tiempo, la pena y la ternura me envuelven al pensar en el hombre como un ser sufriente y busco identificarme con los males de los demás. ¿Será esto compasión?

Al igual que la felicidad, la compasión es una satisfacción espiritual y es la esencia de la totalidad de la vida. Según el Dalai Lama en su libro *El arte de la compasión*, «solo el desarrollo de la compasión y el entendimiento de otros nos puede traer la tranquilidad y la felicidad que buscamos». Tal deseo de que los seres humanos queden libres de sufrimiento y miseria es a lo que el budismo define como compasión.

No puedo liberar al planeta del dolor o el sufrimiento, pero sí puedo combinar el sentimiento con una profunda comprensión del dolor que los demás sufren. Solo así podré sentir una verdadera compasión y alcanzar la paz. Si vivo en compasión viviré en un estado continuo de felicidad.

Las confesiones privadas
de Ingmar Bergman

13 diciembre, 2017

Hace algunos días, por invitación de un amigo, asistí a una obra de teatro en el Kennedy Center de Washington D.C. No tenía ni idea del nombre de la pieza, ni de qué trataba, y mucho menos de quién era el director; solo sabía que era en noruego y que tendría subtítulos en inglés. Antes de entrar en la sala Eisenhower me percaté de que se trataba de una obra escrita por el cineasta sueco Ingmar Bergman, reconocido director de cine y teatro, uno de los autores mejor logrados y más influyentes del cine en el siglo XX.

La puesta en escena parecía muy sencilla. La directora Liv Ullmann, reconocida musa cinematográfica del mismo Bergman, adaptó la película *Private Confessions*, que había dirigido en 1996, a una magnífica obra teatral que profundiza en temas como la infidelidad, la familia, el miedo, la religión y la mentira, desnudando así -literalmente- el precio de la verdad, que es el tema central de la obra.

Con una serie de diálogos y narraciones basadas en las cartas y el diario escrito por Anna (Marte Engebrigtsen), el personaje principal de la historia, Ullmann, crea una conmovedora narración en tiempos no secuenciales de «confesiones» que navegan en los límites de la psiquis humana a través de sus conflictos familiares.

«La verdad os hará libres», dice Jesucristo en el Evangelio de Juan. ¿Pero qué pasa si el hecho de esconderla puede evitar el dolor y el sufrimiento? Entonces ¿la verdad deja de ser importante? ¿Cuándo ocultar la verdad puede sanar?

San Agustín, al decir en sus *Confesiones* «No vayas fuera, vuelve a ti mismo. En el hombre interior habita la verdad», afirmó que la verdad está dentro de cada ser humano, por tanto, existen diferentes verdades y el concepto mismo sigue siendo tergiversado y mal empleado. Incluso las religiones que utilizan el miedo como arma crean sus propias verdades. Según Ingmar Bergman «El miedo nos hace buscar una imagen salvadora y esa imagen es Dios».

La obra de Ullmann se estrenó en Oslo en 2016 y ha sido presentada en el Teatro Nacional de Noruega y en el Teatro Eisenhower en tributo al cineasta sueco, quien por medio de esta historia mostró la infidelidad de su madre en una secuencia de conversaciones muy bien desarrolladas acerca del amor, la culpa, el pecado y la verdad.

Private Confessions presenta un conflicto existencial y filosófico que confronta la posibilidad de que la verdad no necesariamente te libera, también puede convertir al sujeto en esclavo de su propia miseria.

Late Night Shows, política y humor

29 noviembre, 2017

«No me voy a censurar para acomodar tu ignorancia».
-Jon Stewart

En la actualidad, la mejor fuente de información y análisis político en Estados Unidos se encuentra en los *Late Night Shows* que convierten la noticia en comedia. Este fenómeno surgió a partir de la decadencia evidente que han sufrido las cadenas tradicionales de noticias al volverse monótonas y poco analíticas, centrándose mayormente en *tweets* y chismes relacionados al mandatario estadounidense y su desordenada agenda, y con ridículos titulares a los que llaman *Breaking News* con el propósito de atraer la atención de los televidentes, pero que repiten la misma información programa tras programa; todo esto sin mencionar la autocensura por intereses políticos.

Es por esa razón que, cuando el presentador de un *Late Night Shows* abre su programa con un monólogo de cinco o diez minutos, proporciona más información que la que ofrecen medios como CNN, NBC o FOX News, que se limitan a exhibir a los representantes demócratas y republicanos en discusiones vacías, o simplemente a recoger noticias de moda en las redes sociales; de tal modo que el televidente prefiere al comediante que, sin necesidad de ser periodista, no solo expone la noticia de manera «entretenida», sino que también ofrece una perspectiva diferente y desde una postura crítica, realista y directa que pocos medios tradicionales estarían dispuestos a tomar. Entre broma y broma, entre risa y risa, la verdad está ahí donde muchas veces nadie la quiere ver y los *Late Night Shows* la exponen tal cual. Empezaron a popularizarse aceleradamente no solo por su naturaleza cómica sino porque exponen información inteligente, sin tapujos y, aunque parezca broma, bien fundamentada.

Desde la llegada de Donald Trump a la Casa Blanca, programas como *The Daily Show*, *The Late Show with Stephen Colbert*, *Last Week Tonight*, *Late Night with Seth Meyers*, o el mismo *Saturday Night Live* han tenido un repunte importante y el presidente se ha convertido en la musa de ese éxito. Su explosiva forma de actuar les facilita el trabajo a los productores y guionistas de estos shows que, de manera creativa, simpática y sin reservas, exponen los disparates y arrebatos del mandatario, combinándolos sutilmente con información y denuncia. Su estilo desenfadado y fresco ha generado una nueva manera de hacer periodismo, ofreciendo alternativas a un público más exigente. Es por eso que los *Late Night Shows* se han convertido en el mejor referente analítico de la situación política estadounidense.

El ciudadano ilustre: una patética realidad

15 noviembre, 2017

> «Tengo la convicción de que este tipo de reconocimiento unánime tiene que ver directa e inequívocamente con el ocaso de un artista».
> -Daniel Mantovani

El último largometraje de los argentinos Gastón Duprat y Mariano Cohn, premiado como mejor película en el pasado Festival de Venecia, es una comedia incómoda. Relata la vida de Daniel Mantovani (Oscar Martínez), un escritor argentino que ha vivido cuarenta años en Barcelona y que gana el Premio Nobel de Literatura. Desde ese momento comienza a recibir invitaciones de todo el mundo, las cuales desecha para aceptar sólo una, la de su pueblo natal en Argentina, Salas, que ofrece homenajearlo.

A pesar de ser recibido como un héroe por los habitantes del pueblo, después de un par de días todo cambia y aparecen los conflictos en una historia estructurada de cinco capítulos que hunden al escritor en el submundo del cual había escapado anteriormente. Una serie de sucesos contradictorios y ambiguos reafirman el popular dicho «en pueblo pequeño, infierno grande», y descubren la idiosincrasia de los pueblos latinoamericanos a través de su mediocridad social.

Presentar como un trofeo a los ciudadanos que consideran «ilustres» es una práctica real y común en sociedades con culturas pobres, donde las carencias van más allá de lo material, tal como lo presenta *El ciudadano ilustre* cuando el pueblo se reúne para recibir al famoso escritor, trasladado como un objeto en el camión de los bomberos junto a la reina de belleza local. A medida que la historia avanza, Daniel Mantovani se va sumiendo en un mundo que muestra los aspectos grotescos de la naturaleza humana, convirtiendo la realidad en algo patético.

El ciudadano ilustre es una película extraordinaria con un guión muy bien llevado. Muestra los miedos, las crisis, el conformismo, los ideales y el «éxito» de un artista con conflictos existenciales, en medio de una sociedad que presenta esa patética visión del arte. La fotografía, en cambio, juega su rol. La historia que se desarrolla en Europa presenta una imagen artística, bien encuadrada y limpia, pero al llegar a Salas, el mítico pueblo del ciudadano ilustre, se torna intencionalmente simple.

La película desnuda los rasgos, el temperamento y el carácter de los pueblos latinoamericanos, donde la realidad no necesariamente supera a la ficción pero sin duda la sorprende. Salas es una comunidad mediocre que vive en la incultura y el conformismo, y que se siente acechada por cualquier ciudadano, por muy respetable que sea, al pensar éste de manera diferente.

El ciudadano ilustre es ese relato inesperado sobre las miserias de la condición humana que lleva al espectador a enfrentar la realidad de muchas comunidades, magníficamente representadas por Duprat y Cohn, que termina convirtiendo al «ciudadano ilustre» en una ser odiado y despreciado.

Hollywood: lujuria, abuso y silencio

18 octubre, 2017

«Felicidades, ustedes cinco ya no tienen que fingir que se sienten atraídas por Harvey Weinstein», dijo el actor y comediante estadounidense Seth MacFarlane en tono de broma durante los premios Oscar de 2013 al anunciar las nominadas a mejor actriz de reparto. Ahora, cuatro años después de aquello, se hace público lo que para muchos en la industria del cine venía siendo un secreto a voces. Recientemente, Harvey Weinstein fue acusado de acoso sexual y expulsado de la Academia de Hollywood. Hasta ahora entiendo la burla de MacFarlane, que al fin y al cabo, se trató de una denuncia indirecta dado que su compañera de rodaje en la película *TED*, Jessica Barth, le había revelado el comportamiento de Weinstein con ella dos años antes.

Supuestamente, el hecho de que Weinstein mantenía ese tipo de conducta abusiva ya era conocido por muchas estrellas de Hollywood, pero nunca nadie tomó acción o denunció al ejecutivo de cine. Es más: se cree, incluso, que fue protegido por algunos actores que buscaban mantener una buena relación con el productor para no ver afectados sus proyectos. Su conducta inadecuada era tan popular en Hollywood, que incluso fue objeto de burla en series de televisión como *30 Rock*, por ejemplo, cuando la actriz Tina Fey dijo en uno de sus diálogos: «Oh por favor, no le temo a nadie en el mundo del espectáculo. Rechacé tener relaciones con Harvey Weinstein en no menos de tres ocasiones». Casi una treintena de mujeres ha denunciado el acoso de Weinstein —Gwyneth Paltrow y Angelina Jolie entre ellas—, a lo que él respondió simplemente pidiendo disculpas y dijo haber contratado terapeutas para luchar contra sus demonios. Lo cierto es que el poderoso empresario aún sigue libre.

La lista de casos de acoso sexual y violación en el mundo del entretenimiento es, sin duda, mucho más extensa. Bill Cosby, Woody Allen, Roman Polanski, Michael Jackson y Rob Lowe son algunos de los nombres más conocidos. Es común que los afectados decidan guardar silencio por miedo —o «precaución»—, para no perder sus trabajos.

Sin embargo, este tipo de prácticas e injusticias que enfrentan las mujeres cada día no son exclusivos en la industria del entretenimiento. El acoso y abuso sexual y/o laboral hacia la mujer va más allá de la lujuria; es también un juego de poder donde el hombre, en su miserable necesidad de ejercer el mando, hace ver su machismo y misoginia. Tal parece que las reglas, leyes e incluso religiones que gobiernan nuestra sociedad han sido creadas para que la mujer siga siendo marginada por la brutalidad del macho dominante que, al sentirse amenazado por el ímpetu y la capacidad de la mujer, muchas veces recurre a la fuerza.

La verdadera muerte es el olvido

4 octubre, 2017

> «Es estúpido quien confiesa temer la muerte, no por el dolor que pueda causarle en el momento en que se presente, sino porque, pensando en ella, siente dolor: porque aquello cuya presencia no nos perturba, no es sensato que nos angustie durante su espera».
>
> -Epicuro

Segundos antes de que mi padre muriera, en su último suspiro me apretó la mano y derramó una lágrima como si este fuera su mensaje de despedida. Aún tengo claras las imágenes en mi cabeza. Yo estaba a su lado, de rodillas junto a la cama, con la cara en su pecho. Sin dudas ha sido el momento más difícil de mi vida. Meses antes, quizá inconscientemente, meditaba acerca de la muerte, a lo mejor para encontrar una respuesta o consuelo al dolor que traería consigo la muerte de mi padre a consecuencia del cáncer que sufría. Pero no hubo respuesta ni consuelo. Por mucho que me anticipara a ese día no podía aceptar la idea de no volver a verlo.

Con el pasar de los años y la pérdida de otros seres queridos y familiares cercanos, como la muerte repentina de mi hermano menor, fui aceptando lo que siempre supe: la vida no es eterna. Aun así nos aferramos a ella y es por eso que sentimos miedo y dolor cuando acaba. ¿Por qué?, me pregunto. Antonio Machado dijo que «la muerte es algo que no debemos temer porque, mientras somos, la muerte no es y cuando la muerte es, nosotros no somos». La vida es caminar hacia la tumba y pocos nos dedicamos a vivirla. Es inútil temer tanto a la muerte; más bien hay que temer a vivir una vida inadecuada.

La fascinación humana por entender la muerte sin entender la vida es absurda como la seducción que causa la idea de vivir eternamente. Aceptar la muerte —que llega tarde o temprano— alivia el camino, pues lo único que nos aleja de ella es el tiempo. Así lo afirmó Jorge Luis Borges cuando dijo que «la muerte es una vida vivida. La vida es una muerte que viene». En cambio, la idea de la eternidad y la vida después de la muerte ha sido el centro del discurso de la mayoría de las religiones, que olvidan lo transcendental del hoy. Aferrarse a la vida nos distrae y nos condena a vivir con miedo, pero también nos vuelve insensibles porque sin saber nos olvidamos de los demás, incluso de los más cercanos, por salvar nuestras vidas o nuestras almas, que es la creencia cristiana.

La vida de los que han muerto reside en la memoria de los que quedan. La verdadera muerte radica en el olvido. «La muerte no nos roba a los seres amados. Al contrario, nos los guarda y nos los inmortaliza en el recuerdo», dijo François Mauriac. Aceptar la muerte es crucial para vivir sin miedo y estar en paz cuando llegue.

Por años creí fielmente en la ilusión que ofrecen las religiones de la resurrección, la vida después de muerte, el cielo y del infierno y hasta en la reencarnación. Hoy, en cambio, creo que simplemente vivimos y morimos y que lo único que queda es el recuerdo y lo que dejamos en este mundo. ¿Quién podría decir que Mandela, la Madre Teresa, DaVinci, Mozart, Rembrandt, Cervantes o mi padre han muerto? De cierta manera esto es la eternidad; el recuerdo es la única forma de vencer la muerte.

Migración centroamericana
(las razones cambiaron, el motivo es el mismo)

20 septiembre, 2017

Tenía siete años cuando comenzó el éxodo hacia el norte. Aún conservo las imágenes en mi mente. Alrededor de cinco mil personas, entre hombres, mujeres, jóvenes, ancianos y niños, huían de Nicaragua. El «éxodo», como fue nombrada la migración de 1984 que lideró José María Reina y Boris Letz, pasaba por Honduras escapando de la guerra civil nicaragüense. Miles de familias fueron desintegradas debido a la lucha entre los sandinistas y la Contra, y Honduras fue el refugio de muchas familias. Otras llegaron hasta Guatemala, México y Estados Unidos. Aún recuerdo los rostros llenos de temor e incertidumbre de unos cuantos que se hospedaron en mi casa antes de seguir rumbo al norte. Temían por sus vidas. Hoy, 33 años después, la migración a gran escala continúa siendo un fenómeno que se repite a causa de la violencia que sigue reinando en Centroamérica.

Las condiciones políticas y socioeconómicas precarias, y uno de los índices más altos de homicidio en el mundo a causa de la violencia de las pandillas, el crimen organizado y el narcotráfico, son algunas de las razones que continúan impulsando la migración en esta región. El número de niños no acompañados y familias procedentes de Centroamérica que han llegado a la frontera entre Estados Unidos y México desde 2011 es aterrador. La mayoría proviene del Triángulo Norte. Solo en 2016 el Servicio de Aduanas y Protección Fronteriza de Estados Unidos (CBP, por sus siglas en inglés) interceptó alrededor de 46,900 niños no acompañados y más de 70,400 familias procedentes de El Salvador, Guatemala y Honduras en la frontera entre Estados Unidos y México.

Sin embargo, la inmigración de Centroamérica hacia el norte no es algo nuevo. Las guerras civiles, la inestabilidad política y las dificultades económicas causaron un flujo significativo de centroamericanos durante la década de 1980, época en que la población centroamericana en los Estados Unidos se triplicó. Óscar Martínez, coordinador del proyecto Sala Negra, del periódico digital salvadoreño *El Faro*, asegura que «Los centroamericanos ya no migran, huyen», ya que, según él, hay una diferencia entre migrar y huir. «Uno migra con la esperanza de lo que hay adelante y huye cuando quiere dejar algo atrás», pensamiento que ilustra claramente lo que pude ver en los ojos de aquellos que en la década de 1980 pasaron por mi país.

Hoy las razones por las que los centroamericanos huyen de su tierra son diferentes a aquellas cuando explotaron las guerras civiles en la región, aunque el motivo es el mismo: miedo. Miles de personas dejan a su familia atrás y arriesgan su vida y su integridad con la esperanza de encontrar en tierras extrajeras una situación alejada de la violencia que impera en la región y que cada día parece tomar mayor fuerza. Y es que, tristemente, en países con democracias débiles, como Honduras (y no me refiero a un gobierno o partido político en específico, sino a todo el sistema), la seguridad es una ilusión, un discurso utilizado por políticos y gobernantes para manipular los procesos electorales y que sirve solo como herramienta de distracción.

Los clásicos centroamericanos
y un café de Nueva York

6 septiembre, 2017

Todo comenzó como empieza todo proyecto: con una ilusión. Un simple sueño que para nosotros era especial. Se trataba de poner a circular obras que, en su tiempo, fueron esenciales en la literatura centroamericana y que con los años se habían desvanecido en el olvido. Discutimos los detalles acerca de cómo desarrollaríamos la idea y durante un par de horas, en un café en la Quinta Avenida de Nueva York, decidimos emprender el reto de desempolvar algunos de los textos literarios más notables para publicarlos bajo un sello al que llamaríamos Casasola y nombrar la serie «Clásicos centroamericanos». La propuesta era clara: promover la literatura centroamericana en Estados Unidos.

Cinco años después de esa reunión informal descubrí una triste realidad: que en nuestros países —y hago alusión mayormente a Honduras— el hábito de la lectura se perdió con los años, si es que en algún momento se ha tenido. La llegada de internet trajo consigo el desconocimiento de nuestras raíces y nuestra cultura. En Honduras se conoce muy poco a sus escritores y hablar de la obra de Froylán Turcios —

por ejemplo— es un tema extraño para la mayoría de los hondureños. Muchas personas ni siquiera saben que fue un escritor. La gente relaciona su nombre a escuelas, colonias y barrios sin saber que Turcios llegó a ser una de las figuras más emblemáticas de la literatura centroamericana en las primeras décadas del siglo XX y cultivó tanto la prosa como el verso.

El vampiro (1910), por ejemplo, es un aporte significativo al desarrollo literario del país, una novela modernista de toques románticos que para Honduras constituyó una de las primeras incursiones en el campo de la literatura fantástica. Un año después de *El vampiro* Turcios publicó el magnífico relato *El fantasma blanco* (1911), luego vendrían *Prosas nuevas* (1914), *Florecita sonora* (1915), *Cuentos del amor y la muerte* (1930) y *Páginas del ayer* (1932), esto sin mencionar sus obras anteriores a *El vampiro*.

La reconocida crítica Helen Umaña, miembro de la Academia Hondureña de la Lengua y Premio Nacional de Literatura Hondureña, refirma la importancia de la lectura no solo ocasional sino constante cuando cita en el prólogo que escribió para *El vampiro* —en la edición de Casasola Editores (2014)— que: «Igualmente aleccionador es el persistente llamado a valorar —mediante la lectura constante— el rico legado de la humanidad consignado en los textos escritos. En estos y otros aspectos semejantes, escuchamos la voz de un auténtico humanista. Froylán Turcios es un escritor clave para comprender el paso de transición entre el siglo XIX y el XX».

Además de Froylán Turcios en Honduras, los dos pasados siglos vieron nacer en Centroamérica a grandes escritores que marcaron una etapa importante en las letras de la región: Francisco Lainfiesta, de Guatemala; Francisco Gavidia, de El Salvador; Yolanda Oreamuno, de Costa Rica y el magistral Rubén Darío, de Nicaragua, quien además marcó un antes y después en la historia de las letras, no solo centroamericanas sino en lengua española.

Sin embargo, en el presente milenio el panorama luce aterrador ya que el hábito de la lectura parece desvanecerse y ser reemplazado por la desidia y la indiferencia. Por esa razón es urgente revivir las obras que un día fueron vitales para las letras de la región. Ese fue el sueño de aquella tarde en Nueva York, en la mesa de un café cuyo nombre no recuerdo: darles vida a los clásicos centroamericanos.

Cordelia y sus «cuernos de venado»

23 agosto, 2017

Una de las cosas que más disfruto durante los fines de semana, mientras cuido a mi hijo de diez meses, es ver documentales. Normalmente busco películas relacionadas con la naturaleza o la ciencia, para que él también pueda disfrutar por lo menos de las imágenes. En los primeros días de agosto vi el documental *Chasing Coral* (*Persiguiendo el coral*), película que me provocaría gran interés, y a partir de entonces comenzarían una serie de coincidencias interesantes.

Días antes de volar a Roatán para presentar la premiere de mi documental *Brigade*, me di cuenta de que una documentalista hondureña, con quien me había mantenido en contacto solo por correo electrónico, también estaría en la isla durante el tiempo de mi permanencia. Coordiné con ella para encontrarnos y nos vimos en un agradable cafetín frente a la playa. Cuando llegué, ella me esperaba junto con una amiga suya, bióloga marina, que coincidentemente estudia los arrecifes de coral. Pedí un café, me senté y luego comenzó una interesante conversación. Hablamos de la isla, del clima, de política, de cine y de *Chasing Coral,* por supuesto, y terminamos discutiendo sobre mi nueva inquietud por hacer un documental acerca del peligro de extinción que corren los arrecifes de coral. Curiosamente, antes de que yo les explicara la idea ellas ya discutían esas posibilidades. Sin duda, los tres estábamos allí por una interesante casualidad de la naturaleza. Ese fue el día que supe de Cordelia y sus «cuernos de venado».

Roatán es la más grande de las islas que conforman el departamento de Islas de la Bahía, en el caribe hondureño, un paraíso turístico posee parte importante de la segunda barrera de arrecife de coral vivo más grande del mundo —después de Queensland, en Australia—: el Sistema Arrecifal Mesoamericano (SAM), que se extiende desde la Península de Yucatán hasta las Islas de la Bahía en Honduras.

Los arrecifes de coral son estructuras subacuáticas hechas del carbonato de calcio secretado por corales que crecen mejor en aguas cálidas, poco profundas, claras, soleadas y agitadas. Los corales son animales marinos que viven en aguas tropicales y subtropicales formando grandes arrecifes, salvo algunas excepciones. Al suroeste de Roatán se localiza Cordelia, un arrecife de barrera que, a pesar del blanqueamiento masivo que sufrieron los arrecifes de Roatán en 1998 a causa del calentamiento global, posee aproximadamente veintiún hectáreas de *Acropora cervicornis*, también conocido como coral «cuernos de venado». Por muy absurdo que suene, este «blanqueamiento» o decoloración es producida por el estrés que padecen los arrecifes a causa del aumento de la temperatura del agua.

Esta zona es un banco genético natural que permite la repoblación de esta especie a pesar de haber disminuido más de un 30% durante los últimos treinta años. El banco Cordelia es considerado por expertos como una esperanza para el mundo marino que creía extintos este tipo de corales a partir de una extraña peste que se manifestó en aguas caribeñas desde hace más de tres décadas.

Para el año 2012 Cordelia fue declarado «Sitio de importancia para la vida silvestre», convirtiendo al área en zona marina protegida e impidiendo la pesca, el buceo, el snorkel y la navegación comercial y recreativa. Pese a esto, la lucha por mantener vivo el coral en la zona es constante ya que el impacto que causan los efectos del cambio climático son devastadores. Asimismo, la pesca inadecuada, el lanzamiento de anclas improvisadas (bloques de concreto, baterías de automóvil, etcétera), basura, desechos químicos y la poca señalización marina han contribuido a que la especie ahora se encuentre en estado crítico de extinción.

Esta área marina protegida es conocida como la «joya coralina del caribe» gracias a la abundancia de especies coralinas y la presencia del tiburón de arrecife; sin embargo, seguirá en peligro mientras no se respetan las regulaciones. Para impedir que esto suceda se necesitan mucho más que leyes, restricciones y estudios científicos; lo más importante es educar a la población —no solo a la residente de la isla, sino también a los turistas— y además alertar a los gobiernos locales y centrales acerca de la importancia que tiene Cordelia y sus «cuernos de venado» para las aguas tropicales caribeñas.

Nuestra responsabilidad como seres que habitamos este planeta es cuidarlo y protegerlo de nosotros mismos, para que las generaciones venideras puedan ver estas maravillas naturales que, de una u otra manera, pareciéramos estar empeñados en extinguir.

Un acto puro y sexualizado

9 agosto, 2017

«Este cuerpo que recibí no es vulgar, es funcional, su propósito es satisfacer las necesidades fisiológicas de mi bebé, no ser sexualizado», fueron las palabras de Aliya Shagieva en una entrevista a una cadena inglesa de noticias. Shagieva es la hija de Almazbek Atambayevactual, presidente de Kirguistán, ese aislado y montañoso país asiático del que seguramente muy pocos han escuchado. La joven publicó en sus redes sociales algunas fotos amamantando a su hijo y no tardó en recibir críticas, incluso de sus mismos padres. Amamantar a un bebé no es solo un acto cotidiano y necesario, sino también natural. Esa es la razón por la que no existe otro calificativo que el de «enferma» para una sociedad que sexualiza un acto tan bello como el de lactancia materna.

En octubre del año pasado nació mi hijo, acontecimiento que sin duda marcó mi vida y cambió mi manera de ver muchas cosas; entre ellas, el sublime acto de amamantar un bebé. Desde el momento en que los doctores pusieron a mi hijo en los brazos de su mamá, comenzó a buscar comida. Siguió la ruta de su pecho hasta encontrar el pezón, como si esto fuera algo que había hecho antes. Me sorprendió mucho pero, sobre todo, me recordó lo natural que es el acto de alimentar a una criatura. A medida que he acompañado el proceso de nutrición de mi hijo, he entendido lo difícil que es para una madre luchar contra toda una cultura cuya sexualidad está mal orientada, y en la que alimentar a un infante, en muchas ocasiones, es mal visto cuando se hace en público. Existe una doble moral cuando hablamos del cuerpo humano —especialmente el de la mujer—, algo injusto y misógino.

Un par de años atrás vi en un canal de televisión local de Washington una noticia en la que unos alumnos de American University se quejaron porque una maestra había amamantado a su bebé de tan solo meses en la clase. Para mi sorpresa, la maestra era una buena amiga: la antropóloga Adrienne Pine, madre soltera. Supe, de primera mano, que su hija se había enfermado ese día y no tenía con quién dejarla, por lo que decidió llevarla para no perder la clase.

De cierta manera pude entender por qué estos muchachos se alarmaron, ya que seguramente, al igual que yo, han sido educados bajo una sociedad que define como «desagradable» amamantar a un bebé en público, obligando a la madre a ocultarse para hacer algo tan natural y sublime. Si lo analizamos bien, no tiene ningún sentido. Tristemente, este tema se ha moralizado y politizado dentro de una estructura social que injustamente reprime muchas libertades de la mujer.

En Australia, la senadora Larissa Waters, de 40 años, regresó al trabajo en la Cámara Alta del Parlamento tras su baja por maternidad y, con un claro mensaje en apoyo a la conciliación y a la lactancia materna, amamantó a su bebé. Alia Joy, de dos meses, pasó así a formar parte de la historia política australiana al ser el primer bebé amamantado en el Parlamento. Australia es uno de los cinco países del mundo en donde no está reconocido el derecho universal de los trabajadores a un subsidio por maternidad, junto con Estados Unidos, Liberia, Suiza y Papúa Nueva Guinea.

Tristemente, he escuchado a personas juzgar de «asqueroso» que una madre alimente a su hijo en público, calificativo que no solamente está equivocado, sino que ofende. La insensibilidad, que en muchos casos está ligada —consciente o inconscientemente— al desprecio y aversión a la mujer en un mundo sexista, nos ciega a percibir lo extraordinaria y noble que es la misma maternidad.

«Marca País»: descaro y verdad

26 julio, 2017

Un país sin arte es el reflejo de un pueblo sin espíritu. El poeta y crítico literario italiano Arturo Graf decía que «el arte es la crítica de la realidad»; realidad que en Honduras es pintada con los colores del partido de turno.

Hace algunos días tuve el placer de leer en un periódico de mi país que la fotógrafa y artista visual Heleci Ramírez —gran amiga de muchos años—, junto con Gabriel Vallecillo, ganó el Premio del Público en el II Festival de la Luz en Vanguardias de Salamanca, España. Ramírez y Vallecillo participaron por segunda ocasión en este festival en la categoría de video mapping con la obra *Xibalbá*. *Video mapping* es una técnica que consistente en proyectar imágenes sobre superficies reales, generalmente inanimadas, para conseguir efectos de movimiento en tercera dimensión.

La noticia me alegró mucho y al mismo tiempo me llenó de coraje, les explico por qué: el primer año (2016) en que artistas hondureños participaron en este festival fue a nivel personal, ya que no contaron con ningún tipo de apoyo por parte del sector privado y mucho menos del gobierno de Honduras. Pese a esto, la cancillería hondureña extendió un comunicado presumiendo la participación de los artistas y exponiéndolos como un logro del gobierno de turno. Esto no solo fue falso sino además una gran injusticia. La promoción de las artes en Honduras es cada día menor, y para colmo bajo el gobierno de Juan Orlando Hernández, el Ministerio de Cultura, Artes y Deportes —que por cierto, ya contaba con un mínimo presupuesto destinado a las artes— pasó de ser un ministerio a convertirse en una dirección que ahora, estratégicamente, depende de la Casa de Gobierno.

Hace un par de años se creó en Honduras la «Marca País», que a simple vista pareciera una campaña innovadora del actual gobierno que fomenta la buena imagen de la nación a través de personalidades hondureñas destacadas, aunque en realidad esta estrategia tiene poco de innovadora ya que esta misma idea ha sido empleada desde hace mucho tiempo en diferentes países como México, Perú y España, por mencionar algunos. No obstante, la iniciativa es muy buena aunque el problema es el mismo de siempre: el objetivo debajo del objetivo.

Si bien es cierto que la principal razón de «Marca País» es, por decirlo de forma sencilla, promover lo bueno de Honduras a nivel internacional con el objetivo de incrementar el turismo y el orgullo nacional, la verdad pareciera ser otra. La marca ha venido utilizándose como una herramienta más para impulsar la imagen del presidente Hernández, lo cual no solo es inaceptable sino además arriesgado, sobre todo cuando este busca la permanencia ilegítima en el poder. Ser invitado para convertirse en embajador de «Marca País» debería ser motivo de orgullo para cualquier hondureño, sin embargo, para muchos artistas y hasta deportistas no es así. Existe un miedo a ser parte de ese selecto grupo de ciudadanos que con intención o sin ella han prestado su imagen a este juego político.

Este repentino interés por las artes es mezquino en un país que las ha adolecido desde siempre. En 2004, por mencionar un ejemplo más, el gobierno de turno —que curiosamente era del mismo partido político del actual— tomó la decisión de cancelar la partida presupuestaria destinada para la Orquesta Sinfónica Nacional, que para ese entonces era considerada como una de las mejores de la región centroamericana. Silenciaron la orquesta a pesar del esfuerzo de los músicos por mantener vivo el proyecto. De la Orquesta Sinfónica Nacional no quedó más que un recuerdo que la cineasta Laura Bermúdez denunció en el bien logrado documental *La orquesta que murió en silencio*. Trece años después el gobierno continúa sin proveer fondos para reactivarla.

El «apoyo» a las artes en Honduras es lamentable. No solo por parte del gobierno sino también de la empresa privada e incluso de los ciudadanos en general. Las artes son mucho más que un hobby o distracción. La escasa ayuda que reciben los artistas en Honduras es vergonzosa, razón por la que muchos de ellos deben emigrar para lograr los sueños que tiempo después —cuando los llegan a realizar— son presumidos por el gobierno con absoluto descaro y sin ningún tipo de vergüenza. Entre muchas cosas, el arte nos vuelve sensibles y Honduras necesita alimentarse un poco más de este sentimiento para salir del hoyo en que se ha hundido.

Storytelling y la historia detrás de una historia

28 junio, 2017

Un par de semanas atrás fui invitado por la Universidad del Valle de Atemajac (UNIVA), en Guadalajara, México, para hablar acerca de *storytelling* (el arte de contar historias), en el Congreso Internacional de Comunicación, Lenguas y Multimedia. Escribí mi ponencia, preparé el material y partí de Washington un martes.

Mi presentación estaba programada para el último día del congreso, así que, para fortuna mía, y más aún para los asistentes, tuve la oportunidad de ver la ponencia de un par de conferencistas. A partir de esto, sin embargo, decidí cambiar mi presentación casi por completo. No porque estuviera mal, sino porque debía dirigirme a los alumnos de una forma distinta. Decidí eliminar el discurso técnico y ubicar mi presentación en un universo más personal, contar algunas historias y anécdotas personales. Sin duda, tenía mucho que compartir. Al fin y al cabo la idea de las conferencias era demostrar, a través de experiencias personales, cómo se puede aplicar el *storytelling* en el ambiente laboral.

El segundo día en Guadalajara, miércoles, pasé la

tarde entera escribiendo experiencias en el café del hotel mientras mi familia, que me había acompañado, disfrutaba de la ciudad y las atenciones de los tapatíos. El jueves por la mañana me encontraba en el auditorio frente a cientos de jóvenes que esperaban escuchar mi presentación y que al final se sustentó en experiencias e historias personales. Comencé mi exposición leyendo la misma introducción que escribí para mi columna en esta revista:

«Nos encontrábamos allí, los dos, frente a frente: yo, sentado en la única silla del cuarto con las manos apoyadas sobre las piernas; vos, desnudo, inerte y en silencio, desplomado sobre una mesa de metal oxidado, esperando ser reconocido al igual que el resto de los cuerpos que sigilosamente nos acompañaban. Al igual que vos, se preparaban para el olvido.

Esta vez no me dirías nada. No habría más tertulia. Tampoco alegatos o reyertas. No habría discusiones ni palabras sugerentes y mucho menos contrariedades. Nuestras conversaciones habían terminado. Ahora solamente quedaba el recuerdo de esas tristes charlas en las que alguna vez dijiste: «Pienso que una forma de vencer a la muerte que me persigue sin tregua es dejando algo escrito. Un libro, un artículo, o al menos una nota de despedida». Todo eso se había disipado. Te habías ido sin vencerla.

Hoy escribo por los dos, para vencer a la muerte que nos acosa».

La idea de iniciar de esta forma fue la misma que tuve para *(Casi) literal*: mostrar cómo «la ficción jamás supera a la realidad». Sin embargo, para que esa realidad tenga mayor fuerza debemos saber cómo contarla. Todos tenemos historias interesantes, pero cómo contarlas es lo que las convierte en únicas. Ese es el reto de todo *storyteller*: conectar emocionalmente con las personas a través de sus narraciones.

Si definimos la palabra *storytelling* es básicamente «el arte de contar historias» y Latinoamérica ha cosechado a muchos de los más importantes narradores: Julio Cortázar, Jorge Luis Borges, Juan Rulfo, Ernesto Sabato, Alejo Carpentier y también Gabriel García Márquez, que con un estilo muy particular se convirtió en un gran maestro del arte de contar historias, no solo personales sino también ajenas.

Por mencionar un ejemplo, García Márquez utilizó la historia de Miguel Reyes, quien el 20 de enero de 1951, en su noche de bodas, se llevó la sorpresa de que Margarita Chica, la mujer con la que había contraído nupcias apenas unas horas atrás, no era virgen. El recién casado, encolerizado, la tomó por el pelo y la llevó a casa de su familia, diciéndoles «Ahí la devuelvo ¡por rota!», ante la mirada atónita de su madre y sus hermanos, que observaban la escena boquiabiertos. Al confesar quién había sido el responsable, sus hermanos decidieron ir a buscarlo y con cuchillos, según la versión del mismo

García Márquez, lo asesinaron a sangre fría. Esta historia sirvió de inspiración para *Crónica de una muerte anunciada*, libro que, a mi gusto, demuestra perfectamente cómo contar una historia.

Desde las primeras páginas, García Márquez dice que el personaje principal va a morir; también cómo va a morir, y además quién lo va a matar y por qué. Entonces la pregunta obligada es: ¿por qué debería leer el resto del libro si en las primeras páginas lo dice todo? La respuesta es simple: es por la forma como está contada la historia.

El arte de contar historias ha estado presente desde los inicios de la humanidad. La narración de cuentos ha sido una forma de expresión y de transmisión del conocimiento. Ha estado ahí desde la época de las cavernas, plasmado en pinturas, en las narraciones orales de todas las culturas. Quién podría olvidar historias insuperables como *Réquiem por un campesino español* de Ramón J. Sender, *La metamorfosis* de Kafka o el *Quijote* de Miguel de Cervantes Saavedra, pues son una muestra inmejorable de manejo del lenguaje, técnica, disciplina, creatividad y, sin duda, una gran pasión. Las personas podrán olvidar lo que dijiste o lo que escribiste, pero nunca olvidarán cómo los hiciste sentir.

«Qué bonita su cámara»

14 junio, 2017

> «Fotografiar es colocar la cabeza,
> el ojo y el corazón en un mismo eje».
> -Henri Cartier-Bresson

Una noche de febrero de 2012, en medio de una terrible nevada, presenté en una galería de arte en Washington DC mi primer libro: *Framing Time* (*Enmarcando el tiempo*), una colección de fotografías de puertas y ventanas que retrata la belleza en medio del deterioro, el abandono y la indiferencia.

Después de todo el protocolo, palabras, agradecimientos y unos cuantos vinos, una señora —muy amable, por cierto— se acercó a mí para felicitarme por el trabajo. Mi cámara estaba a mi costado, en una mesa junto con algunos libros, y la señora al verla me preguntó si era mía, a lo que respondí que sí. Luego, ella prosiguió: «¡Wow, qué bonita su cámara! Ahora veo por qué sus fotos son tan buenas», y sin darme tiempo de responder, concluyó: «Muy bonito su trabajo, un gusto conocerlo».

No supe qué decir. Por suerte se me atoraron las palabras en la garganta y no pude responder más que con una falsa sonrisa. Luego se volteó y siguió viendo los cuadros que colgaban de las vigas del salón. Su comentario, que a primera vista parecía un cumplido, en realidad no lo era. Por un segundo pensé en explicarle que no es la cámara lo que hace buena o mala a una foto, sino el ojo artístico de la persona que la toma; pero decidí no hacerlo.

Después de algunos años, y luego de reflexionar de forma inversa el comentario de aquella mujer, no me cabe duda la certeza del refrán «El hábito no hace al monje». Este adagio aplica perfectamente al surgimiento acelerado de individuos que por el simple hecho de cargar una cámara en sus manos se hacen llamar a sí mismos «fotógrafos». Si bien es cierto que la definición de fotógrafo se resume en una persona que hace fotografías —especialmente como actividad profesional—, esta es también un arte y como tal depende de una técnica que el artista utiliza para expresar emociones.

La fotografía es más que presionar el botón y capturar imágenes sin emoción, sentido y estética. En ella está la oportunidad de eternizar instantes, documentar historias, expresar sentimientos y cambiar perspectivas. Es el desahogo del alma a través de una imagen. El escritor francés Henri Beyle, mejor conocido como Stendhal, dijo que la novela «es el espejo que se coloca a lo largo del camino de la vida»; y la fotografía, definitivamente, lo es también. Incluso, en su historia relativamente breve, la fotografía ha logrado captar momentos muy importantes que habrían caído para siempre en el olvido.

Si vemos a través de la historia reciente, la fotografía vino no solo vino a revolucionar el arte sino también la manera de contar historias, de documentar los sucesos de la humanidad, tal como lo afirma el escritor nicaragüense Roberto Carlos Pérez en la reseña que escribió acerca de *Framing Time*: «¿Quién podría olvidar la fotografía que data de 1945, en la cual un infante de marina besa a una enfermera en Times Square? O ¿quién podrá olvidar la espeluznante imagen capturada en 1972 que muestra a una niña desnuda huyendo de las bombas que le quemaron el cuerpo en la Guerra de Vietnam mientras que gritaba «¡quema!, ¡quema!»? ¿Y el rostro de la adolescente afgana capturado en 1984 después de que, descalza, cruzara las montañas tratando de escapar de los bombardeos rusos, y cuya hiriente mirada el mundo no pudo ignorar?».

La fotografía es mucho más que tomar fotos: también es técnica y concepto. Es idea, estética y mensaje, un encuentro personal entre el artista y su luz. Desde luego, alguien capaz de comprender esto también comprenderá sin ningún problema que no todo el que carga con una cámara debería ostentar el título de «fotógrafo», que encierra tanta responsabilidad, no solo artística, sino también humana.

Medios de malformación
y libertinaje de prensa

31 mayo, 2017

> «Con el pasar de los años he descubierto que el exceso de información es peor que su escasez».
> -Zygmunt Bauman

No existe la libertad plena. Según el filósofo Thomas Hobbes, una persona libre es un ingenio humano, un pacto social creado por el hombre prehistórico para oponerse a los vicios a fin de convivir en pacífica comunidad. Así nace el Estado, que no es más que una superestructura hecha para frenar la violencia. De modo que la libertad tiene límites. Sin discurrir mucho en materia filosófica quisiera ahondar en la manoseada idea de «libertad de expresión» y el ejercicio del periodismo en Honduras.

Según el *Diccionario de Real Academia de la Lengua Española*, «libertad es la facultad natural que tiene el hombre de obrar de una manera o de otra, y de no obrar, por lo que es responsable de sus actos». Su exceso, el libertinaje, es «el desenfreno en las obras o en las palabras». Estos conceptos son comúnmente confundidos por muchos profesionales que se dedican a «informar». Es obvio que algunos conocen la diferencia, pero la mayoría decide ignorarla para llevar a cabo malas acciones y satisfacer intereses personales.

La fragilidad de los medios de comunicación y su falta de ética es muy común en países como Honduras, con democracias débiles y donde la libertad de expresión ha perdido por completo su esencia, convirtiéndose en lo que la RAE llama «desenfreno de palabras». De manera directa o indirecta, muchos medios se amparan bajo esta premisa para difundir rumores, injurias y argumentos a favor de intereses vinculados a la agenda del dueño del medio. De modo que el derecho a recibir información veraz y ética no existe.

En Honduras hay una variedad de programas radiales y televisivos a los que mejor sería llamar medios de «malformación», y que, con lenguaje ambiguo al cual llaman equívocamente «lenguaje popular», deforman no solo el idioma sino también el pensamiento crítico. Dichos medios se amparan bajo el Artículo 19 de la Declaración Universal de los Derechos Humanos, que dice: «Todo individuo tiene derecho a la libertad de opinión y expresión; este derecho incluye el de no ser molestado a causa de sus opiniones, el de investigar y de recibir informaciones y opiniones, y el de difundirlas, sin limitación de fronteras, por cualquier medio de expresión». Entiendo bien que la libertad de expresión y la libertad de prensa son un derecho y deben ser defendidos, pero toda libertad tiene límites.

Claro, la expresión nunca debe ser censurada pero sí puede regularse. No se le puede impedir a una persona el derecho de expresarse, pero sí debe ser penada cuando la información no es verídica y más bien manipulada. Todo medio que incite a la violencia o al delito y que promueva la discriminación o el rechazo racial, como sucede en Honduras, debe de ser castigado por la ley. La libertad de expresión debe incluir opiniones opuestas, entablar una dialéctica y en ningún caso promover el odio o los intereses personales y/o los de un partido político. La prensa libre es una manifestación moderna del pacto social del que habla Hobbes.

El negocio de la desinformación y el discurso vicioso son, sin duda, una de las grandes calamidades que afecta el desarrollo del pensamiento en Honduras, pues cuando la información se manipula, la verdad deja de ser lo importante.

La vigencia de Juan Rulfo

17 mayo, 2017

Solo dos libros: *El llano en llamas* y *Pedro Páramo,* que abarcan menos de doscientas cincuenta páginas, bastaron para que Juan Rulfo se convirtiera en uno de los escritores latinoamericanos más importantes de todos los tiempos.

Rulfo nació el 16 de mayo de 1917 en Sayula, pequeño poblado del estado de Jalisco, en la casa número 32 de la calle Francisco I Madero. Su infancia transcurrió en el orfanato Luis Silva de Guadalajara, que él mismo llamó una «correccional». Creció en el México post-revolucionario, hecho que influiría en su obra. Comenzó a escribir a los veinte años. En 1942 publicó sus primeros relatos en la revista Pan, dirigida por Juan José Arreola y Juan Alatorre. Trabajó como fotógrafo, agente de inmigración y editor del Instituto Nacional Indigenista de la ciudad de México, cargo que desempeñó hasta su muerte.

Su vida estuvo marcada por grandes silencios y se caracterizó por su sencillez. En 1935 se trasladó a la capital mexicana y en 1947 comenzó a trabajar en la novela *Los murmullos*, que en un principio constaba de más de trescientas páginas. Ocho años más tarde esta obra se convertiría en *Pedro Páramo*, novela que lo consagró como uno de los autores más destacados de las letras universales. En 1983 le fue concedido el premio Príncipe de Asturias y falleció en la ciudad de México el 7 de enero de 1986.

Rulfo fue un maestro de la concisión. La eficiencia de su prosa poética, la agilidad de sus diálogos y su particular noción sobre la muerte convirtieron sus libros en clásicos de la literatura universal. Su novela *Pedro Páramo* narra la historia de un pueblo en ruinas, acechado por la sombra de su tirano. A medida que el lector se adentra en la novela va descubriendo un complejo manejo del tiempo y una inusitada construcción de personajes, pues todos hablan aunque están muertos. La historia comienza cuando Juan Preciado, uno de los hijos del tirano, sale a buscarlo a un pueblo llamado Comala, cumpliendo así con una petición de su madre.

Vine a Comala porque me dijeron que acá vivía mi padre, un tal Pedro Páramo. Mi madre me lo dijo. Y yo le prometí que vendría a verlo en cuanto ella muriera. Le apreté sus manos en señal de que lo haría, pues ella estaba por morirse y yo en un plan de prometerle todo.

Dos años antes, en *El llano en llamas*, Rulfo ahondó en el sufrimiento y la desesperanza de sus personajes a través de un lenguaje certero, desembarazado de toda una ostentosa retórica y compenetrado con el habla del campesino de la región de Jalisco.

Para muchos es inconcebible imaginar que en 68 años Juan Rulfo haya escrito solamente dos libros. «Su silencio es un enigma, pero el enigma superior es su talento», dijo Juan Villoro al ser cuestionado sobre el silencio de Rulfo. Algunos aseguran que el escritor mexicano quedó en deuda con sus lectores, pero en una charla en la Universidad Central de Caracas, en 1977, Rulfo atribuyó su silencio a la muerte de su tío Celerino, quien «le platicaba todo».

Según el crítico y narrador Roberto Carlos Pérez, Juan Rulfo «fue, y lo sigue siendo después de su muerte, un mito tanto por su carácter hermético como por la brevedad de su obra. Todo en él fue sencillez. Así lo demuestran sus textos, auténticos modelos de economía del lenguaje». A pesar de haber llevado una vida reposada, silenciosa y lejos de los reflectores, la grandeza de su pequeña obra aún sigue vigente, sobre todo en mundo en el que la producción masiva de textos es el afán de muchos escritores en pos de alcanzar fama y éxito. Rulfo demostró, sin proponérselo, que el alcance de una obra no se mide por la cantidad sino por la calidad.

A cien años de su nacimiento, Juan Rulfo sigue vivo a través de su obra.

La idea de escribir para vender

3 mayo, 2017

> *Hay muchos métodos para escribir guiones pero la verdad es que ninguno sirve: cada historia trae consigo su propia técnica. Para el guionista lo importante es poder descubrirla.*

Gabriel García Márquez, *Cómo se cuenta un cuento*

No soy guionista (y tampoco pretendo serlo), pero el deseo de contar historias me sumergió en este universo del que ahora soy parte. Permítanme que les cuente la historia de otra historia.

Caminábamos sobre Rodeo Drive, en Beverly Hills, cuando una de las personas que me acompañaban dijo: «Deberíamos hacer una película comercial, algo de miedo o un thriller, eso vende más». Dos meses más tarde comencé a desarrollar la idea. No conocía mucho sobre técnicas para escribir guiones; lo que sí sabía es que existen diferentes métodos para escribir una historia. Así lo afirmó García Márquez en *Cómo se cuenta un cuento*. ¿Cuál era el procedimiento correcto? Yo no lo sabía.

Comencé la investigación a fin de tener material suficiente para desarrollar la trama. Seis meses más tarde tenía listo el guion, el primer borrador de *Disorder*. Pero regresemos al inicio, al momento en que comencé a escribirlo.

Creí tener la idea clara: se trataba de hacer una película de suspenso. La historia debía ir más o menos así: el personaje principal sería un asesino con problemas psicológicos perseguido por una policía obsesionada con el caso. Luego faltaría darle un giro inesperado y por último rematar con un final imprevisible. Nada complejo. Quería escribir algo fácil de vender. Solo me quedaba desarrollar la trama. Tenía claro que el asesino debía padecer un trastorno psicológico, tenía que resolver cuál era el más interesante para la historia que quería contar. Opté por el trastorno de personalidades múltiples, o específicamente hablando, el Trastorno de identidad disociativo. Sin saberlo, me había metido en serios problemas. A partir de ese momento la historia comenzó a trazar su propia línea.

A medida que investigaba más sobre la enfermedad me sentía fascinado por el tema. No obstante, había que modificar un poco la idea original. Comencé a ajustarla con el fin de ser fiel al trastorno del personaje. Para eso tenía que hacer algunos arreglos, así que comencé por cambiar al protagonista. Luego fueron apareciendo nuevos personajes y el asesino también se convirtió en víctima.

La historia tomó otro rumbo. Entre más escribía, menos me importaba la posible audiencia y la terrible idea de escribir algo con el fin de venderlo.

Ahora solo me importaban los personajes. Pensaba en ellos en todo momento: en sus sufrimientos, sus sueños y sus pasiones. Incluso llegué a sentirme mal por infligirles tanto dolor. Un día desperté ansioso a mitad de la noche pensando en los abusos a los que sometía a uno de ellos. Lloré. Me resultaba terrible hacer las veces de Dios, pues estaba en mis manos terminar su angustia y sin embargo no lo hacía. Entonces el trabajo se me hizo más difícil.

Al cabo de seis meses llegué a las cien páginas. Tan envuelto estaba en los personajes que hablaba de ellos con mi esposa como si fuesen reales. Mucho me dolía dejarlos ir pero el horror debía terminar. El guion concluye con una carta de despedida que busca liberar de culpa al menos a uno de ellos:

Es difícil determinar a quién culpar por este crimen ya que la responsabilidad de sus acciones debe ser compartida con sus abusadores. Las personas que sufren de este padecimiento son víctimas de un mundo enfermo que los convierte en esclavos de una mente que alberga mucho dolor.

-Detective Liz Davis

Este guion me confirmó que cada historia es una búsqueda personal guiada por las emociones. El arte es egoísta y no espera aceptación o reconocimiento alguno.

La industria del cine en Honduras: ¿realidad o ficción?

19 abril, 2017

No será la cantidad de películas que se produzcan en Centroamérica lo que provoque un crecimiento del cine en la región, sino la calidad. Tampoco será aplaudiendo cada mal intento como lograremos que nuestro cine progrese, sino siendo críticos de lo que se produce y remendando las erratas, sobre todo cuando se incurre en ellas una y otra vez. Es por eso que deberíamos replantearnos la repetida frase de que «hay que apoyar lo nuestro».

Semanas atrás fui a Honduras como invitado por *El pulso* —un periódico digital que lanzaba su anuario correspondiente a 2016— para hablar de Casasola Editores, el sello editorial del cual soy cofundador. El evento coincidió con la premier de una película hondureña a la que también fui invitado. No pude escapar de la codiciada alfombra roja que tanto me aterra. De inmediato los periodistas me cayeron encima y me lanzaron tres preguntas: ¿Qué piensa del cine hondureño? ¿Considera que está creciendo la industria del cine en Honduras? Y la tercera que, a mi parecer, sonaba más a respuesta que a pregunta: ¿Debemos apoyar lo nuestro? Respondí con frases cortas, pues solo quería escapar de los reflectores. No obstante, me urgía profundizar un poco más acerca del tema y es por eso que ahora me permito hacerlo.

Sin duda, el cine en Honduras está creciendo; no tanto en calidad pero si en cantidad, lo que no es necesariamente bueno. Diez años atrás hablar del cine hondureño, para mi gusto, se resumía a unas cuantas cintas: *Mi amigo ángel*, de Sami Kafati, que fue la primera obra cinematográfica de ficción producida en Honduras en 1962, *No hay tierra sin dueño*, también de Kafati y que, curiosamente, se terminó de rodar en 1984 aunque se editó en 1996 y la postproducción no finalizó sino hasta en 2003, después de la muerte del director. En 2002 apareció *Anita, la cazadora de insectos*, de Hispano Durón, y además *Almas de la medianoche,* de Juan Carlos Fanconi, que fueron las primeras producciones locales en las carteleras de cine del país; sin embargo, estas últimas no fueron lo suficientemente logradas. En cuanto al género documental, en 2005 apareció *Corazón abierto*, de Katia Lara. Estas son las producciones cinematográficas que a mi juicio resultan rescatables de todo el cine producido en Honduras hasta el año 2007, cuando salí del país.

Si bien es cierto que en los últimos diez años se ha producido un número considerable de películas, aún falta mucho por recorrer para que estas puedan competir en el mercado internacional, más aún cuando Internet ofrece la opción de ver grandes producciones provenientes de cualquier parte del mundo a través de plataformas como Yahoo, Netflix y Amazon, entre tantas otras.

Sin duda, la creación continua es muy importante, sin embargo la crítica también lo es siempre y cuando esté bien sustentada. Son necesarias las opiniones críticas para mejorar nuestro trabajo, pero la escasez de expertos en cine, la suspicacia de los cineastas y la abundancia de aduladores impiden la creación de mejores películas.

¿Se puede considerar el cine como una industria en Honduras? Pienso que no. La carencia de una ley de cine, la falta de empresas dispuestas a financiar producciones locales, la ausencia de una educación cinematográfica formal y el inexistente apoyo del gobierno para las artes conllevan a decir que es muy prematuro calificar de industria al cine hondureño. Como dicen por ahí: «No basta vestir de traje para ser un caballero».

Ahora bien, el cine puede llegar a ser una industria tanto en el país como en la región, pero aún falta mucho camino por recorrer. La producción persistente es una manera de avanzar pero no basta.

Con respecto a «apoyar lo nuestro», diría que esta afirmación es peligrosa, más aún cuando no todo el cine que se hace en Honduras —y generalmente en Centroamérica— tiene calidad cinematográfica. Siempre he sido partidario de apoyar las buenas producciones, pero también es importante socavar el terreno y encontrar las fallas. Una crítica honesta puede ser un gran apoyo a la producción fílmica hondureña, muchas veces envuelta en una nube de conformismo que impide corregir los problemas.

La historia comienza así

5 abril, 2017

Me encuentro aquí con la mirada perdida en la multitud, buscando las palabras precisas para iniciar esta historia. Trato de concentrarme, pero no puedo. Tengo demasiadas ideas en la cabeza y, aún así, no concreto nada. ¿Serán solo eso, ideas vagas que no me llevarán a nada? No lo sé. Llevo media hora sentado en este mullido sillón sin poder desgranar una frase que me lleve a lo que quiero contar. La gente a mi alrededor actúa raro, se mueve rápidamente. Ríen, hablan, comen, escriben, se sientan, se ponen de pie, toman, escuchan, mastican, bostezan… Una chica se acomoda el pelo, un tipo se lo desacomoda y la mayoría de ellos están perdidos en el teléfono celular.

Todos miran pero nadie observa. Son como un panal de humanos. Cada uno produce ruido mientras yo me encierro en mi propio silencio. Le pongo azúcar al café y tomo un trago. Observo de nuevo a la multitud acelerada. La página continúa en blanco. Todo es tan ridículo: desde el menú con su café sin cafeína, los productos orgánicos incluyendo el agua, la sección *gluten free* e incluso el precio. Nada tiene sentido en este lugar.

¿Será que soy un intruso en este laberinto de

contrastes o es solo que todo avanza muy rápido? Por el contrario, mi mente avanza lentamente y sigo sin encontrar las palabras precisas para comenzar esta historia. La gente sigue yendo de un lado a otro. Entran, salen, pagan, piden, cruzan la pierna, una chica me mira, sonríe y me olvida. El volumen de la radio compite con el enjambre de personas. Los cuadros colgados en la pared son invisibles a la multitud, como si el ruido creara una especie de niebla que los cubre. ¡Qué triste! Quizás tomó mucho tiempo crearlo. Quizás no, no lo sé.

Llevo hora y media sentado y sigo sin escribir. Las ideas vienen y van, las palabras se me agolpan en el pecho y no sé cómo ordenarlas. Sé lo que quiero contar, pero no encuentro el tono. La gente a mi alrededor sigue cambiando pero no dejan de ser los mismos. Diferente ropa, estilo, raza y peinado, pero los mismos. Son una gran masa. Poco a poco la velocidad de sus movimientos ha ido disminuyendo pero aún van rápido. Quizá solo pierdo el tiempo tratando de escribir. ¿Será el lugar, seré yo o quizá no hay nada que escribir y solo me he convertido en uno más entre ellos que busca encontrar lo que no existe? No lo sé y es posible que nunca lo sepa.

Tomo un sorbo de café. La pareja en la mesa de al lado conversa a pesar del ruido. Ella sonríe, él frunce el ceño y los dos escriben con rapidez en su teléfono celular. Entre ellos no hay palabras, no hay contacto visual, están concentrados en sus móviles. A su lado, dos tipos le toman fotos a su almuerzo. Blancos, negros, asiáticos, mestizos, rubios, pelirrojos, un albino y yo. Todos somos parte de esta imagen extraña que ahora avanza más lenta.

Los sonidos se tornan raros y ahora observo detalles que antes no podía ver. El brillo de los ojos, la comida que trituran al masticar, el sudor brotando de los poros, el humo del café haciendo figuras e incluso escucho las agujas de los relojes. Mis sentidos se han agudizado. Me siento extraño.

Tres horas después, la velocidad ha cambiado drásticamente. El sonido ha mermado, me he vuelto invisible como los cuadros. No escucho nada. Las imágenes de las pinturas en la pared comienzan a moverse y sus colores brillan intensamente. El café empieza a hervir en la mesa y de pronto la gente desaparece. Y aquí estoy, con la mirada perdida en el vacío. Finalmente me llegan las palabras. La historia comienza así…

Índice

Impreso en Estados Unidos
para Casasola LLC
Primera Edición
MMXX ©

www.ingramcontent.com/pod-product-compliance
Lightning Source LLC
Chambersburg PA
CBHW020204090426
42734CB00008B/936